HEYNE BÜCHER

RAINER STEHR

Mehr Freude am pflegeleichten Garten

Originalausgabe

WILHELM HEYNE VERLAG
MÜNCHEN

HEYNE RATGEBER
08 / 9097

Printed in Germany 1987
Umschlagfoto: Bilddienst Sammer
Umschlaggestaltung: Atelier Ingrid Schütz, München
Innenbilder: Rainer Stehr
Layout: Helmut Burgstaller
Satz: VerlagsSatz Kort GmbH, München
Druck und Bindung: RMO, München

ISBN 3-453-41749-6

Inhalt

Märzenbecher: Aufbruch im Frühjahr

Was heißt hier ›pflegeleicht‹?

Zweifellos hat man am wenigsten mit der Pflege eines Gartens zu tun, der im Auftrag des Grundbesitzers und nach dessen Ideen von einem Berufsgärtner gänzlich bearbeitet wird – kein Zweifel aber auch, daß nur die wenigsten Gartenbesitzer die ständigen, kostenintensiven Pflegearbeiten des Fachmanns entlohnen können oder wollen.

Ein Garten ist im Gegensatz zu den natürlichen Lebensräumen eine Kulturfläche, die bepflanzt und gepflegt werden muß, wenn sie den Vorstellungen des Gartenbesitzers entsprechen und über viele Vegetationsperioden unverändert grünen und mit prächtigen Blüten und Früchten den Garten beleben soll. Gartenarbeit hat heute als Freizeitbeschäftigung durchaus einen hohen Stellenwert; wer jedoch nicht zu ständigen, zeitraubenden Pflegearbeiten verpflichtet sein will, wird der Gestaltung eines *pflegeleichten Gartens* den Vorzug geben.

Auch der pflegeleichte Garten erfordert ein Mindestmaß an Gartenarbeiten. Hier kommt es besonders darauf an, natürliche Entwicklungsprozesse für das Gedeihen von Flora und Fauna im Garten zu nutzen, mit der Natur zu arbeiten und nicht gegen sie – das Minimum an Gartenarbeit, das man zu übernehmen bereit sein muß, investiert man effektiver in die Bodenpflege einschließlich der Aufbereitung von organischem Dünger, in das Auslegen von Mulchdecken und in naturgemäße Pflanzenschutz-Maßnahmen, als die Zeit zum Beispiel für die penible Abzirkelung von Beeten und Rabatten zu vergeuden, auf denen dann jährlich mit eintöniger Strenge die Sommerblumen in wohlgeordneten Reihen gesetzt werden. Man fördert mehr das Gedeihen der Gartenpflanzen, wenn man sich um Kompostierung oder Gründüngung, Fruchtwechsel oder Mischkultur kümmert statt schöne, faszinierende Unkräuter – fortan *Wildkräuter* genannt – in mühsamer Arbeit auch dort zu jäten, wo sie überhaupt nicht in Licht-, Nahrungs- und Wasserkonkurrenz zur Gartenflora stehen. In diesem Buch wird man deshalb auch Hinweise zum Umgang mit Kunstdüngern und chemisch-synthetischen Pflanzenschutzgiften vergeblich suchen, die zwar konkurrenzlos schnell und mühelos einsetzbar sind, aber letztlich nur Symptome bekämpfen, ohne deren Ursache Rechnung zu tragen und deren Anwendung im Garten nicht unproblematisch ist – wir kommen in den folgenden Kapiteln darauf zurück.

Wir beschränken uns auf die Beschreibung der einzelnen Gestaltungselemente des pflegeleichten Gartens, die man im Zusammenhang mit Lage und Größe, Klima und Boden, Besonnung und Beschattung des Grundstücks auf den eigenen Garten übertragen mag, und verzichten auf pauschale, fertige Gartenpläne, deren schematische Gestaltung im Detail kaum für den eigenen Garten mit seinen speziellen Bedingungen übernommen werden könnte. Leicht hat man es mit der Anlegung eines pflegeleichten Gartens natürlich auf einem neu bebauten, noch nicht bepflanzten Grundstück, das man durch die geeigneten Gestaltungselemente von Anfang an pflegefreundlich kultivieren kann. Den bereits angelegten Garten dagegen wird man Schritt für Schritt umgestalten, zum Beispiel eine große, ungenutzte, arbeitsintensive Rasenfläche zur kaum Pflege verlangenden Blumenwiese auswachsen lassen oder auf ihr einen naturnahen Wassergarten ohne Fischbesatz anlegen, der später kaum gärtnerischer Eingriffe bedarf – die Arbeitszeit, die man für die Umgestaltung zunächst investieren muß, spart man später rasch wieder ein. Es gibt dann keine große, unnütze, als Liegeplatz oder für Sport und Spiel nie gebrauchte Rasenfläche mehr, von der man im Sommerhalbjahr mit Mähen und Kantenschneiden, Sprengen und Vertikutieren, Düngen und Wildkrautentfernung in Atem gehalten würde.

Die Planung eines naturgemäßen, pflegeleichten Gartens erfordert auch, den Sinn mancher Gestaltungsmoden im Hausgarten zu überdenken. Es gibt den Begriff der *RRK-Gärten,* der deutlich machen soll, welche Pflanzen heute oft das Erscheinungsbild der Hausgärten bestimmen: *Rasen, Rosen, Koniferen,* und immer wieder Rasen, Rosen, Koniferen – gemeint sind Kulturrosen mit ihren zahlreichen Zuchtformen, die als vermeintliche Krönung gärtnerischer Kunst offenbar in kaum einem Garten fehlen dürfen, selbst wenn sie unter Schädlingsbefall und Wetterunbilden leiden und der Gartenbesitzer die empfindlichen Sorten nur mit erheblichem Einsatz retten kann. Wir stellen in diesem Buch robuste Wildrosen als Alternative zu empfindlichen Edelrosen vor und die Blumenwiese als blühenden Ersatz für überflüssig große Rasenflächen. Man könnte das schmähliche Kürzel RRK noch um ein weiteres ›R‹ ergänzen, daß für *Rhododendren* stünde – kaum ein Garten ohne *Alpenrosen.* Zweifellos gedeihen immergrüne Rhododendren an geeigneten, schattigen oder halbschattigen Standorten auf etwas sauren Böden bestens; es bleibt jedoch zweifelhaft, ob man sie, wie auch immergrüne Nadelgehölze, zu Recht als pflegeleichte Pflanzen deklariert, die man bedenkenlos in fast jeden Garten pflanzen kann. Immergrüne Gehölze hält man nur dann für besonders pflegeleicht, wenn man meint, das Herbstlaub der sommergrünen Gehölze überall und immer zusammenharken und der Müllabfuhr übergeben zu müssen. Dagegen ist die Herbstlaubschicht auf Baumscheiben oder unter Sträuchern eine wertvolle feuchtigkeitshaltende, düngende Mulchschicht, die abzuharken ein Nachteil für die Gartenpflanzen wäre. Man sollte sich auf die Entfernung des Herbstlaubs dort beschränken, wo die sich zersetzende, rutschige Laubschicht bald zur Gefahr wird – etwa auf Gehsteigen oder Straßenrändern. Zudem bringt man sich um das Erlebnis von Laubverfärbung und neuem Austrieb mit dem Jahreszeitenwechsel, wenn man im Garten unsere winterliche Vegetationsruhe durch immergrüne Pflanzen kaschiert. Im Band ›Ziergehölze‹ (Heyne-Ratgeber 08/4750) stellt Gunter Steinbach im Rahmen seiner Reihe

›Besser Biologisch Gärtnern‹ die für den Hausgarten geeigneten Laub- und Nadelgehölze vor; in diesem Buch wollen wir die Beschreibung der Baum- und Straucharten nicht wiederholen, sondern uns auf andere Gestaltungselemente des pflegeleichten Gartens konzentrieren.

Grundlagen des naturgemäßen Gärtnerns

Bodenpflege

Von allen Arbeiten im Garten ist kaum etwas wichtiger als die Aufbereitung und naturgemäße Pflege des Bodens. Jede Minute, die man in die Pflege des Gartenbodens investiert, rentiert sich und wird letztlich durch gesunde und ertragreiche Pflanzen belohnt – ein reicher, belebter Boden ist die wichtigste Voraussetzung für das Gedeihen der Kulturpflanzen, deren Gesunderhaltung dann kaum fragwürdiger Maßnahmen wie dem Einsatz von Kunstdüngern und chemisch-synthetischen Schutzgiften bedarf.

Der Boden lebt. Er ist nicht eine statische, homogene Oberschicht, sondern ein komplexer, sich den Umweltbedingungen entsprechend verändernder Lebensraum, der die Pflanzennährstoffe und das Wasser hält. Während der Aufbau eines nicht naturgemäß bewirtschafteten, durch ständige Kunstdüngergaben mit Nährstoffen angereicherten Bodens sich für die Pflanzenkultur verschlechtert, weil das Bodenleben verarmt und der Boden verdichtet, wird sich der natürlich bewirtschaftete Boden im Lauf der Jahre weiter verbessern. Dem Vorbild der Natur folgend, sorgt der Gärtner für die Dauerfruchtbarkeit des Bodens, indem er durch die regelmäßige Einarbeitung von organischen Materialien das Bodenleben stärkt, das *Edaphon* fördert – die Gesamtheit der Bodenlebewesen vom Bakterium bis zum Regenwurm, die durch ihre Lebenstätigkeit den Boden durchwühlen, lockern und belüften, tote pflanzliche und tierische Substanzen zersetzen, mischen und für lebende Pflanzen verfügbar machen. Als *Nährhumus* faßt man die für die Pflanzen verfügbaren, rasch aus abgestorbenen organischen Materialien abgebauten, anorganischen Bausteine zusammen. Bei nur schwer zu zersetzendem Material und auf sauren, trokkenen, schlecht belüfteten und kalten Böden entsteht *Dauerhumus,* wenn sich Zwischenprodukte in der Abbaukette zu *Huminstoffen* verbinden. Nach dem Anteil der organischen Substanz klassifiziert man Böden mit mehr als 10 Gewichtsprozent an Humus als ›sehr stark humos‹, Böden mit nicht mehr als 2 Gewichtsprozent als ›schwach humos‹; Zwischenstufen sind ›mäßig humos‹ (bis 4%) oder ›stark humos‹ (bis 10%). Und es gibt noch ein paar bodenkundliche Begriffe, die bei der Beurteilung des eigenen Gartenbodens von Interesse sind:

Regenwürmer: Der Boden lebt

Boden-entstehung

Boden ist die oberste Schicht der Erdoberfläche und entsteht – Moorböden ausgenommen – durch Verwitterung von Gesteinen. Bei der Verwitterung spielen physikalische, chemische und biologische Faktoren eine Rolle. Der Mineralanteil des Ausgangsgesteins (zum Beispiel Glimmer, Feldspat, Quarz) kennzeichnet Sand- und Tonanteil und Kalk- und Nährstoffanreicherung des Bodens.

Boden-schichtung

Der bewachsene Boden weist verschiedene Schichten auf, wie man am Beispiel eines Laubwaldbodens zeigen kann: Die oberste *Laubfallschicht* erneuert sich alljährlich durch das abfallende Herbstlaub. Ihr folgen die *Moderschicht* und die *Rohhumusschicht,* in denen tote pflanzliche und tierische Materialien bereits weitgehend abgebaut werden. Nach unten hin schließt sich der *humose Oberboden* an, der *Mutterboden,* bis in den hinein Pflanzenwurzeln ragen, und der *lessive Oberboden,* der ausgewaschen und nährstoffärmer ist. Der *Unterboden,* angereichert mit aus dem Oberboden ausgeschwemmten Nährstoffen, leitet über zum *Untergrund,* dem Ausgangsgestein, das man in rund einem Meter Tiefe unter der Rohhumusschicht finden kann. – Gräbt man ein gut einen Meter tiefes Loch im Garten, so kann man die Schichtung des eigenen Gartenbodens leicht untersuchen. Wie im Laubwaldboden durch die Zersetzung der organischen Reste in Moder- und Rohhumusschicht pflanzenverfügbare Nährstoffe aufbereitet werden, so sollte man auf dem Gartenboden durch organische Dünger wie Kompost und Stallmist für eine belebte Humusschicht sorgen. Das lockere Humusgeflecht begünstigt die Atmung der Mikroorganismen; die von ihnen ausgeschiedenen Stoffe nutzen unsere Kulturpflanzen für den Aufbau ihrer körpereigenen Substanzen. Durch die Wasserspeicherung in ihren Poren schützt die Humusschicht zudem den Boden und damit die Pflanzen vor der Austrocknung, bildet Bodensubstanz und führt dem Boden Nährstoffe wieder zu, die ihm durch das Wachstum der Pflanzen entnommen werden.

Bodenarten

In Abhängigkeit von der Art des Ausgangsgesteins und dem Grad der Verwitterung haben die mineralischen Anteile des Bodens verschiedene Korngrößen. Man unterscheidet:

Ton mit Korngrößen kleiner als 2/1000 Millimeter,

Schluff 0.002 bis 0.06 Millimeter,

Sand 0.06 bis 2 Millimeter,

Kies 2 bis 60 Millimeter Durchmesser.

Nach dem Gesamtanteil der Körner kann man hauptsächlich folgende Bodenarten klassifizieren:

Tonboden weist einen hohen Anteil von kleinsten, nicht einmal 2/1000 mm großen Partikel auf. Einzelne Körner sind nicht fühlbar. Ton ist klebrig und stark bindig, läßt sich bei der Handprobe gut formen und rollen. Leicht glänzend.

Sandboden besteht zum größten Teil aus Körnchen mit bis zu 2 mm Durchmesser; die Körner sind gut fühlbar. Bei der Handprobe klebt Sand nicht und ist nicht formbar.

Lehmboden ist eine Mischung aus Ton, Sand und Schluff. Lehm enthält viel bis sehr viel Feinsubstanz, man kann höchstens wenige Einzelkörner sehen. Lehm ist zwar feucht rollbar, bildet aber Risse, die man nicht glätten kann (›Fingernagelprobe‹).

Darüber hinaus gibt es zahlreiche Zwischenformen wie etwa *sandigen Lehm* oder *tonigen Lehm.* Sandböden sind zwar gut zu bearbeiten, können leicht von den Pflanzen durchwurzelt und wegen der raschen Erwärmung im Frühjahr frühzeitig bepflanzt werden, trocknen andererseits aber schnell aus und verlieren Nährstoffe durch Auswaschung. Der *leichte* Sandboden grenzt sich damit vom *schweren* Tonboden ab, der nicht nur gut das Wasser hält, sondern auch zur Staunässe neigt. Ton erwärmt sich im Frühjahr nur langsam; der nasse und luftarme Boden behindert das Edaphon, er wird hart und rissig, falls er einmal austrocknet. Der für den Gärtner ideale Boden ist ein Lehmboden aus etwa 40% Schluff und je 30% Ton und Sand. Durch die Beimischung von Ton oder schweren Lehm kann man leichte Sandböden wasser- und nährstoffhaltiger, schwere Böden durch Sand durchlässiger machen.

Bodenstruktur Die Anordnung der einzelnen organischen und mineralischen Bodenteilchen bezeichnet man als *Bodenstruktur* oder *-gefüge.* Wichtig ist die Unterscheidung von:

Einzelkorngefüge Bei der Einzelkornstruktur sind die organischen und mineralischen Bodenteilchen nicht miteinander verbunden, sondern liegen einzeln und in gleichmäßiger Verteilung vor. Bei Sandböden reichen die Abstände zwischen den verhältnismäßig großen Körnern für Belüftung und Wasserführung aus; auf schweren Böden aber bilden die feinen Teilchen eine für Wasser und Luft kaum zu durchdringende, porenarme Masse.

Krümelstruktur Bei der Krümelstruktur verkleben mineralische und humose Bodenteilchen zu einzelnen, mehrere Millimeter großen Krümeln, deren Poren die Lüftung und Wasserführung des Bodens fördern. Die Krümelstruktur ist deshalb für die Pflanzenkultur besonders wertvoll. Sie wird durch die Tätigkeit des Edaphons geschaffen. Man fördert also die Krümelung des Bodens, indem man durch organische Bodenpflege, etwa durch das Kompostieren, das Edaphon unterstützt.

Boden-nährstoffe

Pflanzen nehmen über ihre Wurzeln Nährstoffe nur als Ionen auf, als elektrisch geladene Teilchen, zum Beispiel Stickstoff und Phosphor als NO_3^- und PO_4^{3-} oder Kalium, Calcium und Magnesium als K^+, Ca^{2+} und Mg^{2+}. Der größte Teil der für die Pflanzen erreichbaren Ionen ist zunächst an Bodenteilchen angelagert. Das verhindert einerseits die Auswaschung der Nährstoffe durch den Regen und sorgt andererseits für ein ausgewogenes Mengenverhältnis der für die Pflanze verfügbaren Nährstoffe. Selbst lebensnotwendige Stoffe sind nämlich für die Pflanze schädlich, wenn sie allein oder in übergroßen Mengen vorhanden sind. Hier zeigt sich die Problematik des Einsatzes von konzentriertem Kunstdünger, der nur bei geeignetem Wetter, zur rechten Zeit und in fein dosierter Menge aufgebracht werden darf, damit nicht Nährstoffe ausgewaschen werden und ins Grundwasser gelangen oder die Nährstoffe im Boden in unerwünschter Konzentration auf die Pflanzen einwirken. Mit organischem Material, wie zum Beispiel verrottetem Kompost, hingegen kann kaum überdüngt werden, denn im gesunden, belebten, an Ton-Humus-Komplexen reichen Gartenboden legen die Bodenteilchen Nährstoffe fest, über die unsere Pflanzen nach und nach verfügen. Das Nährstoff-Bindevermögen der Bodenteilchen hängt auch vom Säuregrad des Bodens ab.

Boden-reaktion

Ausdruck des Säuregrades ist der pH-Wert. Beim Wert pH 7 spricht man vom *neutralen* Boden, pH-Werte unter 7 zeigen *saure,* über 7 *alkalische* oder *basische* Böden an:

neutral pH 7.0

schwach sauer	pH 6.9 – 6.0	schwach alkalisch	pH 7.1 – 8.0
mäßig sauer	pH 5.9 – 5.0	mäßig alkalisch	pH 8.1 – 9.0
stark sauer	pH 4.9 – 4.0	stark alkalisch	pH 9.1 – 10.0
sehr stark sauer	pH 3.9 – 3.0	sehr stark alkalisch	pH 10.1 – 11.0
extrem sauer	unter 3.0	extrem alkalisch	über 11.0

Der Boden-pH beeinflußt das Leben des Edaphons, die Krümelstruktur und die Konzentration der verfügbaren Pflanzennährstoffe. Bei einem zu sauren Boden etwa werden positiv geladene Nährstoffionen von den Bodenteilchen abgelöst und freigesetzt und können leicht ausgewaschen werden. Sandböden sollten im mäßig sauren Bereich gehalten werden; für schwere Böden sollte man sich um Werte zwischen pH 6.5 und pH 7.5 bemühen.

Messen des pH-Werts

Der pH-Wert ist mit einfachen Reagenzien aus dem Gartenfachgeschäft zu messen; eine erste Information über die Bodenreaktion geben auch manche Wildkräuter als *Zeigerpflanzen,* die als *Säurezeiger* eher saure Böden bevorzugen oder als *Kalkzeiger* lieber auf kalkhaltigem, alkalischem Grund siedeln. Einen sauren Boden zeigen zum Beispiel der Bauernsenf *Teesdalia nudicaulis* oder der Kleine Ampfer *Rumex acetosella* an. Kalkzeiger sind Weide-Wegerich *Plantago media* oder Feldmännertreu *Eryngium campestre.*

Mit der Zeit versauert der bepflanzte Boden, weil von den Pflanzenwurzeln und den Mikroorganismen Kohlensäure produziert und bei der Zersetzung organischer Materialien zu Humus Huminsäuren gebildet werden. Zudem wird der Anteil der Wasserstoffionen im Bodenwasser erhöht und damit der Boden saurer, weil die Pflanzen im Austausch Wasserstoffionen abgeben, wenn sie Nährstoffe aufnehmen. – Man muß also, vor allem im stark genutzten Gemüsegarten, Kalk auf dem Gartenboden ausbringen, um den Boden im geeigneten pH-Bereich zu halten.

Erfolgreich zu gärtnern, günstige Bedingungen für den Pflanzenwuchs zu schaffen, heißt also vor allem, den Boden zu bearbeiten und durch eine natürliche Wirtschaftsweise für einen gesunden Boden zu sorgen. Die angeführten Ansprüche, die der Gartenboden stellt, lassen sich effektiv, fast in einem Arbeitsgang, mit der organischen Dungung erfüllen – das ›Herz‹ des naturgemäß gepflegten Gartens ist die Kompostmiete.

Kompostierung

Die Kompostierung organischer Materialien in *Kompostsäcken* oder *Thermogehäusen,* die der Fachhandel anbietet, ist vor allem sinnvoll, wenn nur geringe Mengen an Kompostmaterial in Garten und Haushalt anfallen. Für größere Mengen bietet sich jedoch die Anlegung freier Mieten an oder die Schichtung in umgrenzten Abteilen. Eine Kompostanlage mit mindestens zwei Abteilungen ist besonders rationell und effektiv zu bewirtschaften; sie soll hier beschrieben werden.

Geteilte Kompoststation: Aufsetzen leichtgemacht

Für den Erfolg der Kompostierung ist unerheblich, ob man sich zwei oder drei Kompostbehälter aus dem Fachgeschäft kauft, oder ob man die billigere Lösung vorzieht und sich aus Latten und Pfählen eine mindestens zweigeteilte Anlage selbst baut. Es kommt lediglich darauf an, den richtigen Platz zu finden und die Anforderungen der Kompostanlage an Befeuchtung, Belüftung, Windschutz und mäßige Wärme zu erfüllen. Ein vollsonniger, windiger Standort ist für die Anlage nicht geeignet; der Kompost würde rasch austrocknen, und der Wind würde Wärme entziehen. Volle Beschattung ist ebenso ungünstig und würde die erwünschte Verrottung hemmen. Der Behälter gehört also an einen halbschattigen Platz etwa hinter Sträuchern oder Bäumen. Der Kompostbehälter soll zur Erde hin offen sein, darf also keinen Boden haben, der den Übergang der tierischen Zersetzer, etwa des Regenwurms, vom Gartenboden in den Kompost verhindern würde. Hat man Ungeziefer auf dem Areal, so kann es nützlich sein, die Kompoststation durch ein feinmaschiges Drahtgeflecht abzuschirmen.

Kompostbehälter

Bei einem mehrteiligen Kompostbehälter dient ein Abteil als Auffangstation: hier wird gesammelt, was später in mehrwöchigen Abständen in den anderen Abteilen zum geordneten, günstig gemischten Kompostquader aufgeschichtet wird. Verzichtet man auf das Zwischenlager, so muß man jede auch noch so kleine Abfallmenge, die im Garten anfällt, sogleich zerkleinern und auf den Kompost bringen. Das ist umständlich und zeitraubend und erschwert die Vermischung der einzelnen Substanzen im Kompost – ›Kompost‹ kommt aus dem Lateinischen und bedeutet ›das Zusammengesetzte‹.

Günstig sind Kompoststationen mit rund einem Meter Breite oder nur wenig mehr, die man von beiden Seiten bequem bearbeiten kann. Die Kompostabteile sollten bei geringer Oberfläche ein möglichst großes Volumen haben – man wird sich also würfelförmige Abteile mit etwa einem Meter Kantenlänge kaufen oder bauen. Der Kompostquader muß durch Luftschlitze immer gut belüftet werden, darf

Bepflanzter Kompostquader: Größere Luftspalten wären von Vorteil

also nicht allseitig hermetisch abgeschlossen sein. Denn was unter Sauerstoffmangel gelagert wird, beginnt mit üblem Gestank zu verfaulen; im Komposthaufen aber wünscht man die Verrottung der organischen Materialien unter Mitarbeit sauerstoffzehrender Bakterien. Verrottung liefert dunkle, duftende, nährstoffreiche Gartenerde – ein Faulungsprozeß dagegen ergibt einen stinkenden Matsch, der für die Düngung kaum zu brauchen ist.

Man kann fast alle organischen Substanzen kompostieren, die im Garten, im Haushalt und in der Umgebung anfallen. Dazu gehören Küchenabfälle wie Gemüse- und Fleischreste, Eierschalen oder Kaffeesatz ebenso wie Wildkräuter, Herbstlaub, Rasen- und Wiesenschnitt oder Äste und Zweige vom Baum- und Heckenschnitt aus dem Garten, Papier und Sägespäne, Staub aus dem Staubsaugerbeutel oder Kleidungsschnipsel aus Wolle oder Baumwolle.

Nicht kompostierbare Abfälle

Nicht auf den Kompost gehören natürlich Materialien wie Plastikfolie, Glas oder Metall, aber auch nicht die Reste kranker Pflanzen. Man vereinfacht im Haushalt die Trennung der kompostierbaren Abfälle von den ungeeigneten, wenn man zwei Abfalleimer aufstellt – einen für die Reste, die man der Kompoststation zuführt, und den anderen für den Abfall, den man der Müllabfuhr überläßt.

In der Regel ergibt die Mischung von Haushalts- und Gartenresten später eine Komposterde mit ausgewogenen Nährstoffanteilen. Die oft feuchten Abfälle aus der Küche sind häufig stickstoffreich; holzige Gartenreste hingegen bringen mehr

Kohlenstoff ein. Der Zusatz von Knochenmehl oder Hornspänen beim Mischen des Komposts reichert die Substanz zusätzlich mit Stickstoff an. Ebenso macht man den Kompost durch Stallmist, tierische Jauchen oder Wildkräuter wertvoller – Brennesseln etwa, Kamille, Löwenzahn, Rainfarn, Schafgarbe oder Wegwarte sind sowohl frisch als auch verjaucht ein guter Kompostzusatz. Insgesamt sollten nach dem sogenannten *C/N-Verhältnis* etwa 15–40 Teile Kohlenstoff auf einen Anteil Stickstoff entfallen. Neben Holzschnipseln erhöht auch Stroh den C/N-Wert. In ihrer Stoffkonzentration sind die organischen Dünger kaum mit mineralischen Kunstdüngern zu vergleichen; so weist durchschnittlicher Stallmist insgesamt etwa 1 bis 1.5% Stickstoff, Phosphor und Kali auf, mineralische Einzeldünger hingegen können 50% und mehr einbringen. Eine derartig hohe Konzentration an Nährstoffen kann jedoch schnell zum Nachteil geraten, wie wir schon gesehen haben; zudem setzt ihre Verwendung im Garten eine genaue Analyse der Bodenverhältnisse und des Pflanzenbedarfs voraus.

Zwischenlager

Im Zwischenlager, dem Auffangabteil der Kompostanlage, sortiert man zweckmäßig die Materialien vor. Beim Aufsetzen des Kompostquaders kommt es später darauf an, die Substanzen aus dem vollen Zwischenlager zu zerkleinern und fein zu mischen. Wir gehen im Abschnitt ›Zweckmäßige Gartengeräte‹ auf den Nutzen der *Schredder* ein, die der Fachhandel für die Aufbereitung des Kompostmaterials anbietet. Je sorgfältiger das Material zerkleinert wird, um so schneller ist die Verrottung abgeschlossen; je besser alle Substanzen vermischt wurden, um so gleichmäßiger ist die fertige Komposterde. Beim Aufsetzen des Kompostquaders kann man auch gleich dem Kalkbedarf des allmählich versauernden, bepflanzten Gartenbodens Rechnung tragen, indem man Kalk in dünnen Schichten zwischen das Kompostmaterial streut – den später mit der ausgereiften Komposterde eingedeckten Gartenboden braucht man nicht nochmals aufzukalken; bei der Dosierung folgt man den Herstellerangaben. Ebenso kann man langfristig mit Hilfe von Kompost schwere Ton- und Lehmböden leichter machen oder sandige Böden ergiebiger, wenn man, höchstens in gleicher Menge wie Kompostiergut vorhanden ist, entweder Sand oder schweren Lehn mit aufschichtet. Eine freie, nach oben hin schmaler werdende Miete sollte man zum Abschluß an den Seiten mit einer Abdeckschicht aus Grasschnitt vor dem Einregnen und Austrocknen schützen – bei den senkrechten Wänden des Quaders jedoch ist das nur schwer möglich. Zumindest aber wird die Oberseite mit einer Deckschicht abgeschlossen. Das früher oft übliche mehrfache Umsetzen des Komposts ist nicht notwendig, wenn für ausreichende Belüftung des Quaders gesorgt und nasse, schwere Substanzen durch Beimengung von trockenem Holz, Laub oder Stroh aufgelockert wurden.

Kompostgaben bei verschiedenen Bodenarten

Zersetzung

Die Zersetzung der organischen Materialien erfolgt durch Bakterien, Pilze und Bodentiere. Beim Aufsetzen des Quaders fügt man den Schichten etwas humose, belebte Gartenerde zu und überträgt damit eine Startladung von Mikroorganismen, *impft* den Kompost. Darüber hinaus sind im Gartenfachhandel Impfpräparate erhältlich, die den Kompost mit den am Abbau beteiligten Mikroorganismen anreichern und die Verrottung fördern. Zu den letzten Gliedern in der Kette der Zersetzer und Umwandler gehören die Würmer; vor allem der von Wurmfarmen zu beziehende Kompostwurm *Eisenia foetida* ist als Umbauhelfer von Bedeutung.

Für die zielgerechte Verrottung ist der richtige Feuchtigkeitsgrad des Komposts von Bedeutung. Der Quader ist dann richtig befeuchtet, wenn eine in der Hand etwas zusammengedrückte Kompostprobe sich zwar feucht anfühlt, aber kaum Wassertropfen abgibt, der Kompost etwas zusammenklebt und nicht auseinanderrieselt. In trockenen Sommern muß man den Haufen bisweilen sparsam befeuchten, bei wochenlanger Nässe hingegen sollte man ihn mit Brettern oder Folie abdecken, aber mit Steinen oder Hölzern für einen Lüftungsabstand zwischen Kompost und Abdeckung sorgen.

Kompostprobe

Ein mit fein zerkleinerten Substanzen aufgesetzter Kompost kann im Sommerhalbjahr unter günstigen Bedingungen schon nach zwei bis vier Monaten gebrauchsfertig sein. Der ausgereifte Kompost ist schwärzlich gefärbt und enthält nur noch wenige, in ihrer Struktur zu erkennende Bestandteile. Eine im Spätherbst erstellte Miete braucht zur Vollreife weitaus länger, weil die kalten Wintermonate die Verrottung verzögern. Komposthügel aus schwer abbaubaren Substanzen wie Holz oder Laub sind Langzeitmieten und brauchen mindestens eineinhalb bis drei Jahre zur Zersetzung.

Bodenverbesserer

Als Bodenverbesserer macht guter Kompost die Verwendung von Torf im Garten oft entbehrlich und ist zudem ein ergiebiger Nährstofflieferant, der als Dünger sogar für den verbrauchsintensiven Gemüsegarten genügt – vor allem, wenn man beim Aufsetzen des Komposthaufens die Abfälle aus Haus und Garten durch weitere, im Gartenfachgeschäft erhältliche Naturdünger ergänzt, wie zum Beispiel durch die bereits erwähnten Hornspäne oder durch Blut- und Knochenmehl, Guano-Produkte oder Trockensubstanzen, die industriell aus Stallmist gewonnen werden. Mit vollreifer Komposterde kann man den Gartenboden kaum überdüngen – je mehr reifer Kompost zur Verfügung steht, um so besser für den Garten. Für die Versorgung eines intensiv genutzten Gemüsegartens veranschlagt man im Durchschnitt etwa 10% des Anbauareals als Fläche für die Anlegung von Kompostmieten, um den Nutzgarten mit reichlichen Gaben reifen Komposts versorgen zu können. Im pflegeleichten Garten, der vielleicht nur eine kleine Gemüseanbaufläche und ein großes Wiesenstück aufweist, das kaum der Düngung bedarf, wird schon die beschriebene, zwei- oder dreigeteilte Kompoststation für die Vollversorgung ausreichen. Als Grunddüngung für die Kulturpflanzen wird alljährlich im Herbst oder Frühjahr eine mehrere Zentimeter starke

Schicht aus Komposterde zwischen den Pflanzen aufgetragen; steht nicht ausreichend Kompost zur Verfügung, konzentriert man das Substrat im Gemüsegarten auf den Pflanzenreihen und läßt Zwischenräume zwangsläufig brach. Zudem sollte man dann die Kompostgaben in Zusammenhang mit den Nährstoffansprüchen der Gemüsepflanzen effektiv verteilen – im Abschnitt ›Fruchtwechsel‹ führen wir die einzelnen Arten auf, die sich als *Stark-, Mittel-* oder *Schwachzehrer* in ihrem Nährstoffbedarf unterscheiden. Flächen mit stark zehrenden Gewächsen und mit intensiver Kultivierung sollte man nach Zwischenernten mit zusätzlichen Kompostgaben anreichern. Bei der Pflanzung von Gehölzen und Stauden im Ziergarten gibt man ebenfalls reifen Kompost zur Pflanzerde.

Jährliche Grunddüngung

Bei der jährlichen Grunddüngung wird der Kompost generell nicht untergegraben, sondern auf den Boden gestreut und lediglich leicht eingeharkt – für die Einarbeitung sorgen die Bodenlebewesen und der Regen. Das früher übliche *Umgraben* des Gartenlandes ist eine überflüssige Schwerstarbeit und zerstört die beschriebene Schichtung des belebten Bodens, um deren Aufrechterhaltung man sich ja gerade bemüht. Das Umgraben oder *Rigolen* kann nur auf verdichteten, neu in Kultur zu nehmenden Arealen nützlich sein – zum Beispiel, wenn man ein Wiesenstück als Gemüsegarten in Kultur nehmen will. Man gräbt, am besten im Herbst, lediglich die dunkle obere Bodenschicht um und arbeitet Kompost, verrotteten Stallmist oder andere Naturdünger gleich mit ein. Die Erdschollen läßt man bis zum Frühjahr ruhen und glättet, ebnet und krümelt sie dann vor der ersten Pflanzperiode. Natürlich kann man auch die Wiesensoden abtragen und zur Kompostmiete aufschichten, die dann nach einigen Monaten beste Gartenerde abgibt. – Einen humosen, naturgemäß gepflegten Gartenboden sollte man später nicht mehr umgraben, sondern lediglich durch das Einstechen und vorsichtige Hin- und Herbewegen der Grabgabel belüften.

Die Empfehlungen und Hinweise zu Sinn und Durchführung der Kompostierung lassen erkennen, daß man mit der Kompostwirtschaft den Ansprüchen des Gartenbodens vollkommen genügen kann und mit der Kompostierung organischer Abfälle, die sonst der Müllabfuhr zugeschoben würden, so aber effektiv im Garten genutzt werden, auch noch Geldausgaben für Kunstdünger oder Torf überflüssig macht.

Eine andere Methode der naturgemäßen Bewirtschaftung dient ebenfalls der Bodenverbesserung und ergänzt die Kompostierung vor allem im Gemüsegarten und auf unbearbeiteten, nun in Kultur zu nehmenden Flächen:

Gründüngung

Geeignete Pflanzenarten werden auf Brachen, die nach der Gründüngung für Nutz- oder Zierpflanzen vorgesehen sind, ausgesät. Sie werden später, kurz vor ihrer Blüte, gemäht und in den Boden eingearbeitet oder stehengelassen, bis sie im Winter absterben, sich zersetzen und ihre

Nährstoffe dem Boden wieder zuführen. Mit Ausnahme der *Schmetterlingsblütler* (Leguminosen), bei denen symbiontische Knöllchenbakterien freien Luftstickstoff im Boden binden, ergibt sich beim Absterben der Gründüngungspflanzen kein Nährstoffgewinn; der Boden erhält letztlich nur zurück, was die Pflanzen ihm zuvor entnommen hatten. Aber auf dem bepflanzten Boden wird die Auswaschung von Nährstoffen gemindert, die Erosion durch den Wind verringert, und Nährstoffe der tieferen Bodenschichten werden durch die Wurzelleistungen der Gründüngungspflanzen an die Oberfläche verlagert. Zudem wird das Edaphon gefördert,

Raps: Nützlich und schön

wenn die abgestorbenen Pflanzen verrotten, das Bodenleben also aktiviert wird. Im Kapitel ›Fruchtwechsel‹ erläutern wir, wie man den Boden der einzelnen Beete im Jahresrhythmus vorteilhaft aktivieren kann. Folgende Arten eignen sich für die Gründüngung:

Feldsalat — *(Valerianella locusta,* Baldriangewächse) bevorzugt frische, leicht saure bis leicht alkalische Böden. Aussaat der weiß-bläulich blühenden Pflanzen zwischen Juli und September.

Gartenkresse — *(Lepidium sativum,* Kreuzblütler) gedeiht auf frischen bis feuchten, nahrhaften Böden. Aussaat von März bis Juli.

Hopfenklee — *(Medicago lupulina,* Schmetterlingsblütler) blüht grünlichgelb und gedeiht auf frischen, kalkhaltigen Böden. Aussaat von März bis Juni.

Lupinen — *(Lupinus spec.,* Schmetterlingsblütler): Die Gelbe Lupine *(Lupinus luteus)* und die blaublühende schmalblättrige Lupine *(Lupinus angustifolius)* gedeihen auf sandigen, etwas sauren Böden. Aussaat April bis September.

Persischer Klee — *(Trifolium resupinatum,* Schmetterlingsblütler) gedeiht gut auf frischen Böden. Aussaat im Mai und Juni.

Ölrettich — *(Raphanus sativus,* Kreuzblütler) wird von April bis September auf frische bis feuchte Böden gesät.

Serradella — *(Ornithopus sativus,* Schmetterlingsblütler), auch Großer Vogelfuß genannt, bevorzugt saure Böden und blüht rosa. Beste Saatzeit zwischen April und August.

Wicken	*(Vicia,* Schmetterlingsblütler): Die *Futterwicke* (Vicia sativa) blüht blaulila und wird vorteilhaft von März/April bis August gesät. Die violett blühende *Zottige Wicke* (Vicia villosa) sät man im August und September. Beide Arten gedeihen auf trockenen bis frischen, mäßig sauren Böden.
Weißer Senf	*(Sinapis alba,* Kreuzblütler) bevorzugt kalkhaltige Böden. Günstige Aussaat von April bis August.
Weißer Steinklee	*(Melilotus alba,* Schmetterlingsblütler) bevorzugt trockene, neutrale Böden. Beste Aussaatzeit zwischen April und September.
Winterraps	*(Brassica napus,* Kreuzblütler) blüht gelb und gedeiht auf frischen, eher alkalischen Böden. Aussaat im August und September.

Mulchen: Strohmulch zwischen jungem Rosenkohl

Mulchen

Eine weitere naturgemäße, arbeitsparende Methode in der Gartenpflege ist das *Mulchen:* die Bodenbedeckung auf Beeten und Rabatten, unter Bäumen und Sträuchern mit organischen Materialien. Die früher praktizierte Mode, zwischen den Pflanzungen den unbewachsenen Gartenboden nicht nur frei von den scheinbar die Gartenharmonie störenden Wildkräutern zu halten, sondern nur einem nackten, sterilen, stets sauber abgeharkten Grund das Prädikat ›gepflegt‹ zu verleihen, macht keinen Sinn – in natürlichen Lebensräumen Mitteleuropas ist der Boden aus guten Gründen niemals unbedeckt, wie beispielhaft der Laubwaldboden zeigt: jedes Fleckchen Boden, das noch nicht bewachsen ist, wird bedeckt von Laub, bedeckt von Tierkadavern, Früchten, Ästen, Zweigen – Nahrung für das Edaphon. Die Bodenlebewesen zersetzen das organische Material, arbeiten es in den Boden ein, machen es für die Pflanzen wieder als Nährstoffe verfügbar – ein Kreislauf, in dem die Umwandlung toten Materials neues Leben ermöglicht. – Entsprechend dem Vorbild der natürlichen Lebensräume stellt im Garten die Mulchdecke aus organischem Material eine *Flächenkompostierung* dar, die Anreicherung des Bodens mit pflanzenverfügbaren Nährstoffen.

Es gibt eine Reihe von Gründen, die für das Mulchen sprechen; die Nachteile einer derartigen Bodenpflege sind von geringerer Bedeutung:

Düngung

Die Bodenlebewesen zersetzen die Mulchdecke, arbeiten das Material in den Boden ein und bereiten es für die Pflanzen auf.

Gute Bodenstruktur

Die Bedeckung mindert, besonders in Hanglagen, die Erosion des Bodens, das Abtragen durch Wind und Wasser. Versuche mit Rindenmulch zeigen für Hanglagen mit 25 Grad Neigung eine gegenüber dem unbedeckten Boden um mehr als 60% geringere Erosion. – Die Mulchdecke vermindert die Verschlämmung und Verdichtung des Bodens durch Regenschlag, durch prasselnde, platzende Wasserströme; Verkrustung wird verhindert, die günstige Krümelstruktur gefördert. – Das Edaphon findet Nahrung; die Versorgung mit Nährstoffen läßt eine hohe Bestandsdichte der Bodenlebewesen zu. Andererseits fühlen sich bisweilen Wühlmäuse unter der Bedeckung sehr wohl; dagegen muß man etwas tun (siehe ›Mischkulturen‹, ›Pflanzenschutz‹).

Schutz vor Austrocknung

Im nackten, durch die Sonne erwärmten Boden steigt das Wasser unter Kapillarspannung an die Oberfläche und verdunstet; der Boden trocknet aus. Als Isolierung zwischen Bodenoberschicht und warmer Luft mindert die Mulchdecke die Verdunstung; der Boden bleibt gleichmäßig feucht, was vor allem in regenarmen Gebieten und an heißen Sommertagen von Bedeutung ist. Auf der anderen Seite kann die Bodenbedeckung auf schweren Böden, etwa dichtem Ton, und bei viel Regen Staunässe bewirken und den Boden verdichten.

Temperaturkonstanz Die Mulchdecke mindert für die Pflanzen ungünstige Temperaturschwankungen im Oberboden. Der gemulchte Boden erwärmt sich allerdings im Frühjahr auch erst später.

Unkrautabwehr Die Mulchdecke verhindert die Ansiedlung von Wildkräutern, die mit unseren Kulturpflanzen um Nahrung, Licht und Wasser konkurrieren. Durch Tiere oder durch den Wind auf die Mulchfläche gebrachte Wildkrautsamen können nach der Keimung nur schlecht wurzeln; die in der Gartenerde vorhandenen Keimlinge können eine dichte Mulchdecke kaum durchdringen. – Dazu kommen bei der Verwendung von Rindenmulch, meist durch *Phenole,* noch *herbizide* Wirkungen (siehe ›Pflanzenschutz‹); vor allem kleinere, krautige Pflanzen werden unterdrückt. Rindenmulch eignet sich daher gut für die Bedekkung unter größeren Gehölzen, nicht aber etwa für den Gemüsegarten, wo das Gedeihen der Kulturpflanzen gefährdet würde. – Vor dem Aufbringen der Bedeckung werden alle Wildkräuter entfernt.

Das Mulchen spart also im pflegeleichten Garten erheblich Arbeit, entfällt doch ein immenser Aufwand für das

- Gießen und Sprengen,
- Jäten der Wildkräuter,
- Hacken des Bodens.

Daß darüber hinaus chemisch-synthetische Unkrautgifte überflüssig werden, sei nur am Rande erwähnt – ihr Einsatz wäre im natürlich bewirtschafteten Garten ohnehin nicht zu verantworten; auch dann nicht, wenn man auf die Bodenbedeckung verzichten wollte. Es ist offensichtlich, daß in Anbetracht der vielen Vorteile des Mulchens die althergebrachte Anschauung überholt ist, nur der stets mit der Harke bearbeitete, nackte Gartengrund sei ein Sinnbild des gepflegten Gartens.

Wann und womit mulcht man?

Zum Mulchen eignen sich viele Materialien, die im Garten anfallen oder leicht zu beschaffen sind: Die schon erwähnten Rindenstücke, die der Fachhandel anbietet, Heu, aber auch noch frischer Rasen- und zerkleinerter Wiesenschnitt, gehäckseltes Stroh, das ohnehin oft in großen Mengen anfallende Herbstlaub, bevorzugt schon etwas zersetzt. Aber auch mit angerottetem Kompost kann man den Boden bedecken; Gründüngungsschnitt ist ebenso geeignet. Nicht mulchen sollte man mit den Nadeln der Koniferen oder mit Torf; beides säuert den Boden an. Zudem fördert man mit dem Torfverbrauch den weiteren Ausverkauf der Moore, die als Biotope wertvoller sind denn als Torfquelle für den Gartenbau – Torf wird in seiner Wirkung als Dünger und Bodenverbesserer ohnehin meist überschätzt.

Man mulcht auf Beeten und Rabatten im Gemüse- und Ziergarten, unter Obstbäumen und -sträuchern, unter Ziergehölzen – hier tut man sich besonders leicht, denn das überreichlich abfallende Herbstlaub bildet schon die schützende Bodenbedeckung. Bei bodendeckenden Pflanzen ist eine Decke nicht unbedingt notwendig; sie beschatten und belauben ihren Standort selbst. Mulchen kann man zu fast jeder

Jahreszeit: Im Frühjahr wird die Bodendecke – grobe Teile zuvor zerkleinert – zwischen den Pflanzungen ausgelegt, gegen Ende der Vegetationsperiode werden im Gemüsegarten auch die nach der Ernte kahlen Reihen für den Winter vorbereitet. Besonders bei schweren Böden, die ins Frühjahr hinein lange kalt und naß bleiben, sollte die Mulchschicht zum Winterende zusammengekehrt und erst später wieder aufgetragen werden, wenn die Sonne den winterkalten Boden erwärmt und etwas getrocknet hat.

Herbstlaub: Natürliche Mulchschicht unter Gehölzen

Beim Mulchen mit frischem, saftigem Material wie etwa Rasen- oder Wiesenschnitt wird immer nur dünn aufgetragen und jeweils nachgelegt, wenn wegen der Austrocknung und Schrumpfung der Gartenboden wieder sichtbar wird. Trockenes Material wie Stroh und Heu darf man in stärkerer Schicht aufbringen; bei großen Pflanzen sind 5 – 10 cm nicht zuviel. Nach dem Auslegen wässert man, damit der Boden befeuchtet und die Mulchdecke vom Wind nicht abgetragen wird.

Statt mit organischem Material, kann man auch mit schwarzen, im Fachhandel

Mulchen im Gemüsegarten: Bodenpflege für beste Ernten

erhältlichen Mulchfolien den Boden bedecken. Da der Effekt der Flächenkompostierung dann entfällt, zudem die Auslegung und windsichere Befestigung der Folie, das Pflanzen in Pflanzschlitze und das Bewässern hier verhältnismäßig aufwendig ist, bevorzugt man besser die Verwendung der genannten organischen Stoffe – die ohnehin in den meisten Gärten in großer Menge anfallen und so sinnvoll genutzt werden. – Daß die folienbedeckten Beete, von der Frühlingssonne angestrahlt, sich schnell erwärmen, ist hingegen der Vorteil des Mulch-Kunststoffs.

Ringelblumen *(Calendula)* und Studentenblumen *(Tagetes)*:
Schutzpartner in der Pflanzenkombination

Pflanzenkombinationen

Werden Pflanzen Jahr für Jahr auf derselben Fläche und in Monokultur angebaut, also ausschließlich eine Pflanzenart ohne artfremde Nachbarn kultiviert, so erhöht sich die Anfälligkeit für Krankheiten und Schädlingsbefall. Das führt besonders auffällig im Gemüsegarten zu Ertragsminderungen, erschwert aber auch Pflege und Gedeihen vor allem der empfindlicheren Pflanzen unter denen des Ziergartens.

Pflanzenschädlinge greifen oft nur bestimmte Gruppen von Gewächsen an, sind auf einen bestimmten *Wirtspflanzenkreis* angewiesen. Manche Schädlinge brauchen sogar für Ernährung und Fortpflanzung eine ganz bestimmte Pflanzenart, schädigen also *artspezifisch.* Oft finden sie ihre Wirtspflanze durch deren charakteristische Form und Farbe, werden aber auch – vor allem bei Schadinsekten von großer Bedeutung – durch die Duft- und Geschmacksstoffe angelockt, die von der Pflanze abgegeben werden. So können Insekten sehr wohl Geschmack und Geruch empfinden; die Organe ihres Geschmackssinnes finden sich hauptsächlich an den Mundteilen, der Geruch wird dagegen vor allem durch Organe auf ihren Antennen erkannt. Einleuchtend, daß also in Monokultur angebaute Pflanzen um so leichter von Pflanzenschädlingen gefunden und anschließend besiedelt werden – sie treffen dort auf geeignete Lebensbedingungen und können sich deshalb erfolgreich fortpflanzen und vermehren.

Andererseits schrecken manche Pflanzen durch ihre Inhaltsstoffe bestimmte Schädlinge ab; sie wirken als *Repellents* (aus dem Lateinischen: ›repellere‹ = zurücktreiben, abweisen u. a.). Tierische Schädlinge werden durch Repellents zum Rückzug gezwungen, oder ihre Freßlust wird gehemmt.

Hat man in Monokulturen die Massenvermehrungen von Schädlingen durch den Einsatz von Pflanzenschutzgiften einzudämmen versucht, so beugt die Nutzung pflanzeneigener Schreckstoffe durch geeignete Anbaumethoden giftfrei den jeweiligen Pflanzenschädigungen vor – im Abschnitt ›Pflanzenschutz‹ führen wir die wichtigsten Gründe an, die gegen den Einsatz von starken Schädlingsgiften im Garten sprechen.

Daß die Duftstoffe mancher Pflanzen und das Stoffwechselgeschehen im Wurzelbereich das Gedeihen bestimmter anderer Pflanzenarten fördert, macht man sich in der *Mischkultur* zunutze: Hat man früher etwa im Gemüsegarten die Beete oft mit immer nur einer einzigen Art bepflanzt – ein Beet für Möhren, eines für Zwiebeln usw. –, so sollte man in Zukunft geeignete Pflanzen zu gegenseitigem Schutz und besserem Gedeihen in der *Reihenmischkultur* kombinieren.

Man treibt im Vergleich zur herkömmlichen Plazierung der Pflanzen nicht nur keinen Mehraufwand bei Saat und Pflanzung, sondern man verringert die notwendigen Pflegearbeiten für den Pflanzenschutz, wenn man zum Beispiel die erwähnten Möhren und Zwiebeln auf der Anbaufläche nebeneinander setzt. Diese Kombination etwa soll gegenseitig vor allem gegen den Angriff der Möhrenfliege *Psila rosae F.* und der Zwiebelfliege *Delia antiqua Meig* schützen.

Für Aussaat und Pflanzung in Mischkultur bieten sich die folgenden Faustregeln an:

Pflanzabstand Die Kombinationspartner werden so plaziert, daß sich die Blätter der ausgewachsenen Pflanzen gerade berühren oder ein wenig gegenseitig überlappen – manche Gärtner halten auch immer einen festen Abstand ein (etwa 40 cm).

Pflanzen-kombination	Pflanzen mit flachem Wurzelsystem eignen sich für die Kombination mit tiefwurzelnden, schlanke Gewächse passen gut zu breitwüchsigen. Starkzehrer – größere Nährstoffmengen benötigende Arten (siehe Abschnitt ›Fruchtwechsel‹) – dürfen auch mit Mittelzehrern, diese wiederum mit schwachzehrenden gemischt werden. Vermeiden sollte man dagegen die Kombination von Stark- und Schwachzehrern. Im pflegeleichten Garten sollte also unbedingt in Mischkultur gepflanzt werden; neben den vielen günstigen kennt man aber auch einige für das Gedeihen der Partner ungünstige Kombinationen.
	Im folgenden stellen wir günstige und zu vermeidende Mischungen im Gemüsebau vor:
Bohnen	vorteilhaft zu kombinieren mit Endivien, Gurken, Kartoffeln, Kohlarten, Mangold, Meerrettich, Radieschen und Rettich, Rhabarber, roten Beten, Salat, Sellerie, Tomaten, Zucchini. Vermeiden muß man den Anbau von Bohnen mit Erbsen, Fenchel, Knoblauch, Lauch und Zwiebeln.
Endivien	günstig mit Bohnen, Fenchel, Kohlgewächsen und Lauch.
Erbsen	gut mit Fenchel, Karotten und Möhren, Kohl, Kopfsalat, Radieschen und Rettich; unvorteilhaft mit Bohnen, Kartoffeln, Knoblauch, Lauch, Tomaten.
Fenchel	geeignet in Kultur mit Endivien, Erbsen, Gurken, Kohl und Salat – ungeeignet für Bohnen und Tomaten.

Gurken	gut passend zu Bohnen, Fenchel, Knoblauch, Kohl, Kopfsalat, roten Beten, Sellerie, Zwiebeln; ungünstig mit Radieschen und Rettichen, Tomaten.
Karotten und Möhren	gut in Kultur mit Erbsen, Knoblauch, Lauch, Mangold, Radieschen und Rettich, Tomaten, Zwiebeln. Vermeiden muß man den Mischanbau mit roten Beten.
Kartoffeln	erfolgreich mit Bohnen, Kohl, Mais, Meerrettich, Spinat; negativ mit Erbsen, roten Beten, Sellerie, Tomaten.
Knoblauch	ist fast immer günstig neben anderen zu plazieren, besonders als Nachbar von Gurken, Karotten und Möhren, Kohl, Spinat und Tomaten. Nicht anbauen mit Bohnen und Erbsen.
Kohlgewächse	sind günstig mit fast allen hier genannten Partnern zu kombinieren. Ausnahmen: Rotkohl sollte nicht mit Tomaten angebaut werden; bei Kohlkulturen mit Kopfsalat und Zwiebeln wurden gegensätzliche Erfahrungen gemacht. Unbekannt ist die Wirkung auf Karotten und Möhren, Mais, Mangold, Meerrettich und Zucchini.
Lauch	passend zu Endivien, Karotten und Möhren, Kopfsalat und Sellerie, Tomaten. Nicht günstig mit Bohnen, Erbsen, roten Beten.
Mais	positiv mit Kartoffeln, Kopfsalat, Tomaten; negativ mit roten Beten und Sellerie.
Mangold	empfehlenswert zu kombinieren mit Bohnen, Karotten und Möhren, Radieschen und Rettich.
Meerrettich	paßt gut zu Bohnen und Kartoffeln.

Radieschen und Rettich	zu Bohnen, Erbsen, Karotten und Möhren, Kohl, Mangold, Salat, Spinat, Tomaten. Nicht anbauen mit Gurken und Zwiebeln.
Rhabarber	wird für den Anbau mit Bohnen, Kohl, Salat und Spinat empfohlen.
Rote Bete	eignet sich für Bohnen, Gurken, Kohl, Pflücksalat und Zwiebeln, nicht für Karotten und Möhren, Kartoffeln, Lauch und Mais.
Salat	vor allem zu Bohnen, Fenchel, Kohl, Radieschen und Rettich, Rhabarber, Tomaten. Kopfsalat darf auch mit Erbsen, Gurken, Lauch, Mais und Zwiebeln, nicht aber mit Sellerie gepflanzt werden. Pflücksalat wird auch für rote Bete empfohlen.
Sellerie	paßt zu Bohnen, Gurken, Kohl, Lauch, Tomaten. Ungünstig mit Kartoffeln, Kopfsalat, Mais.
Spinat	fördert man mit Kartoffeln, Knoblauch, Kohl, Radieschen und Rettich, Rhabarber, Tomaten.
Tomaten	mit Bohnen, Karotten und Möhren, Knoblauch, Kohl (nicht Rotkohl), Lauch, Mais, Radieschen und Rettich, Salat, Sellerie, Spinat. Mischung mit Erbsen, Fenchel, Gurken, Kartoffeln vermeiden.
Zucchini	setzt man mit Bohnen und Zwiebeln.
Zwiebeln	können mit Gurken, Karotten und Möhren, Kopfsalat, roten Beten, Zucchini kombiniert werden; über die Wirkung mit Kohl ist man verschiedener Meinung. Bohnen und Radieschen und Rettiche darf man nicht mit Zwiebeln anbauen.

Mit dieser Auflistung wurden nur die wichtigsten Gemüsearten aufgeführt; im speziellen Teil dieses Buchs weisen wir auf den jeweiligen durchschnittlichen Platzbedarf der einzelnen Gemüsearten in der Reihenkultur hin.

Über die Zusammenstellung geeigneter Gemüsearten hinaus kommt auch den meisten Heilkräutern und -stauden in der Mischkultur sehr große Bedeutung für den gesunden Wuchs ihrer Partner und für die Schädlingsabwehr zu, und auch für die Zierpflanzen des Gartens sind Kombinationen förderlich. Vorbildlich praktizierte man dieses Wissen in den Bauerngärten und Klosterhöfen der Vergangenheit, nutzte man dort die günstige Wirkung von Mischpflanzungen für die Gesunderhaltung der Kulturpflanzen. Die Devise lautet: Kein separater Gemüsegarten, kein Ziergarten nur mit Schmuckpflanzen – sondern die geordnete, auch farbenfrohe Mischung von Gemüsekulturen und Heilkräutern, Blumen und Obstpflanzen, Stauden und Sträuchern. – Auch für den naturnahen Garten der Gegenwart kann die Einteilung in Nutz- und Ziergarten lediglich ein Hilfsmittel für die Gliederung eines Buches sein, das zunächst der Klassifizierung im konventionellen Gartenbau unserer Zeit folgt – gerade unter dem Aspekt der Schädlingsbekämpfung macht die Aufteilung in Zier- und Nutzgarten keinen Sinn. Wie etwa unter die schmückenden Rosen als Schutzpartner der Knoblauch gehört, ist die Ringelblume am Rande des Gemüsebeetes erwünscht.

Als wichtige Nachbarn für das Gemüse, für Obstpflanzen, Stauden und Sträucher seien erwähnt (siehe auch Abschnitt ›Kräutergarten‹):

Basilikum	fördert das Gedeihen von Gurken und Zucchini, die darüber hinaus mit den oben genannten Partnern zu kombinieren sind.
Bohnenkraut	schützt in Bohnenreihen.
Borretsch	sollte zu Kohlgewächsen, vor allem Kohlrabi, gepflanzt werden. Einzelne Exemplare des reich blühenden Krauts genügen.

Dill	gehört vor allem zu Gurken-Kulturen, aber auch in die Nachbarschaft zu Kohl.
Kaiserkronen	*(Fritillaria imperialis)* sind als Schutz vor Haus- und Wühlmausfraß bekannt.
Kapuziner-kresse	sät man zur Schädlingsabwehr unter Obstgehölze und Rosen.
Kerbel	hat seinen Platz in Salatreihen.
Lavendel	schützt Rosen und Stauden.
Petersilie	ist günstig als Partner in Zwiebelreihen und Tomatenkulturen.
Ringelblumen	*(Calendula officinalis)* sollte man als Beetumrandung im Gemüsegarten und in der Nähe von Rosen, Stauden und Sträuchern setzen.
Senf	vor allem zu Erdbeeren.
Studenten-blumen	*(Tagetes spec.)* mit ihren besonders stark Geruch verbreitenden Sorten eignen sie sich ebenfalls zur Schädlingsabwehr am Beetrand.
Thymian	hat seinen Platz als Beetumrandung und zwischen Stauden.
Wermut	(siehe ›Pflanzenschutz‹) wird bevorzugt als Unterpflanzung von Johannisbeeren genutzt und schützt vor Rost.

Die großwüchsigen Kräuter sollten ihre Nachbarn nicht beschatten; sie müssen dann geschnitten werden und finden als Würze in der Küche, auf dem Komposthaufen, als Mulchhäcksel oder für Jauchen Verwendung.

Im pflegeleichten Garten wird man kaum jedes der hier beispielhaft aufgeführten Kräuter nur deshalb anbauen wollen, weil es günstige Eigenschaften als Nachbar in der Mischkultur hat; zu aufwendig wären Saat und Pflanzung.

Wie auch bei den Gemüsearten ergibt sich eine Auswahl ohnehin, weil Boden- und Klimabedingungen des eigenen Gartens den Ansprüchen der Kräuterart genügen müssen; es gedeiht nur, was zum eigenen Garten paßt.

Aber alles, was man für die Verwendung in der Küche oder als Zierpflanze kultivieren möchte, findet nun den richtigen Platz im Garten und bringt zusätzlichen Nutzen – als Nachbar in der Mischkultur fördert es das Gedeihen der Partner. Die Mischkultur ist ein wichtiges Element im pflegeleichten Garten, trägt sie doch wesentlich zur Gesunderhaltung der Gartenpflanzen bei und sorgt für ein günstiges Verhältnis von notwendiger Pflege zu gewünschtem Nutzen des Gartens.

Ringelblumen *(Calendula officinalis)*

Fruchtwechsel

Über den Anbau in Mischkultur hinaus sorgt man ohne zusätzlichen Arbeitsaufwand für gesunde Pflanzen im Gemüsegarten, wenn man in *Fruchtfolge* pflanzt. Fruchtfolge nennen wir den planmäßigen, oft jährlichen Standortwechsel der Gemüsepflanzen auf der Anbaufläche. Man pflanzt nicht in jeder Gartensaison immer wieder dieselbe Gemüseart auf dasselbe Beet, sondern wechselt nach einem sinnvollen Schema den Standort – und beugt dadurch Pflanzenkrankheiten und Ertragseinbußen durch Bodenmüdigkeit und Schädlingsbefall vor.

Fruchtfolgen – früher für die Landwirtschaft von großer Bedeutung, zum Beispiel in der *Dreifelderwirtschaft,* bei der Brache, Winter- und Sommergetreide in dreijährigem Umlauf auf dem Ackerland wechselten – hielt man später oft für nicht mehr notwendig, da man doch dank Mineraldünger und chemisch-synthetischer Pestizide durch einseitigen Anbau ausgezehrte Böden wieder mit Nährstoffen anreichern und artspezifische Schädlinge vernichten konnte. Es ist das Verdienst der sich um naturgemäßen Anbau bemühenden Gärtner, den Nutzen der Fruchtfolgen-Kultur wieder entdeckt zu haben. Weil Pflanzen die verschiedenen Nährstoffe in einem spezifischen Verhältnis aus der Erde ziehen, laugt der Gartenboden rasch aus und verarmt, belastet man das Kulturland sinnlos, wenn man Jahr für Jahr dasselbe Gemüse auf demselben Platz anbaut. Außerdem begünstigt man Pflanzenschädigungen, weil artspezifische Schädlinge hier in jedem Gartenjahr wieder auf beste Lebensbedingungen treffen und sich deshalb in Massen vermehren können. – Zudem scheiden viele Gewächse bestimmte Stoffe aus, die später bei Pflanzen derselben Art das Wachstum hemmen.

Für eine effiziente Gestaltung des Nutzgartens sollte man also den Anbau in Mischkulturen mit dem Fruchtwechsel kombinieren. Es gibt verschiedene Schemata, nach denen man Fruchtfolgen sinnvoll planen kann. Bewährt hat sich die Einordnung und Gruppenpflanzung nach den Nährstoffansprüchen der Gemüsekulturen; man kann so auch dann effektiv düngen und den Kompost in richtigen Anteilen einsetzen, wenn die eigene Kompostmiete nicht überreichlich Substrat hergibt und man sparsam damit umgehen muß. Wie geht man vor?

Man teilt die gesamte Anbaufläche in vier Abteilungen auf, also zum Beispiel in vier Einzelbeete:

Abteilung I auf dieses Beet werden überwiegend *Starkzehrer* plaziert, also Pflanzenarten mit recht großem Nährstoffbedarf. Gemäß den Angaben in unserer Mischkulturen-Liste werden sie mit günstig wirkenden Pflanzen kombiniert; vor allem mit anderen starkzehrenden Arten, aber auch der Mischanbau mit Mittelzehrern ist möglich. Zum Beispiel sind folgende Starkzehrer vorteilhaft zu kombinieren:

Gurken mit Kohl und Sellerie.

Kartoffeln mit Kohl.

Kohlarten mit Gurken, Kartoffeln, Rhabarber, Sellerie und Tomaten (nicht Rotkohl).

Lauch mit Sellerie und Tomaten.

Rhabarber mit Kohl.

Sellerie mit Gurken, Kohl, Lauch und Tomaten.

Tomaten mit Kohl, Lauch und Sellerie.

Abteilung II hier werden überwiegend *Mittelzehrer* in günstiger Kombination gepflanzt:

Bohnen mit Endivien, Kopf- und Pflücksalat, Mangold, Radieschen und Rettichen, roten Beten.

Erbsen mit Fenchel, Karotten und Möhren, Kopfsalat, Radieschen und Rettichen.

Fenchel mit Endivien, Erbsen, Salat.

Möhren und Karotten mit Erbsen, Knoblauch, Mangold, Pflücksalat, Radieschen und Rettichen, Zwiebeln.

Keine Regel ohne Ausnahme: Tomaten gedeihen über Jahre bestens am gleichen Standort

Radieschen und Rettich	mit Bohnen, Erbsen, Karotten und Möhren, Salat, Spinat.
Rote Rüben	mit Bohnen, Pflücksalat, Zwiebeln.
Salate	mit Bohnen, Fenchel, Zwiebeln u. a.
Spinat	mit Knoblauch, Radieschen und Rettich.
Zwiebeln	mit Karotten und Möhren, Kopfsalat, roten Beten.

Abteilung III sie ist für *Schwachzehrer* bestimmt, die mit sehr geringem Nährstoffangebot auskommen. Dazu gehören der Feldsalat und die meisten Küchenkräuter (siehe Abschnitt ›Kräutergarten‹) – Schnittlauch und Petersilie, häufig beschnitten, werden sie jedoch zu den Mittelzehrern gerechnet.

Abteilung IV auf diesem Abschnitt werden zur Reaktivierung des Bodens die schon erwähnten Gründüngungspflanzen ausgesät.

Für den Fruchtwechsel werden nun die vier Abteilungen auf den Einzelbeeten jährlich verschoben – damit hat man einen Vier-Jahres-Rhythmus erreicht, pflanzt auf den Beetgruppen A bis D in den Jahren 1 bis 4 die Abteilungen nach folgendem Plan:

Jahr	Beetgruppe A	Beetgruppe B	Beetgruppe C	Beetgruppe D
1	I	II	III	IV
2	IV	I	II	III
3	III	IV	I	II
4	II	III	IV	I
5	I	II	III	IV

Gerade im pflegeleichten Garten, in dessen Bewirtschaftung man so wenig Arbeitszeit investieren möchte wie eben möglich, sollte man nur Pflanzenarten anbauen, für die tatsächlich Bedarf besteht und die man bevorzugt: Nicht jeder mag jedes Gemüse; auch dann nicht, wenn es im eigenen Garten giftfrei und in bester Qualität erwirtschaftet wurde. Ungeliebte Gemüsearten nur deshalb anzubauen, weil sie in Mischkultur und Fruchtfolge gut zu Wunscharten passen, bedeutet nur unnütze Pflegearbeit – nur das, was wirklich in der Küche Verwendung finden wird, lohnt auch den Anbau. – Die Vielfalt der günstigen Kombinationsmöglichkeiten erlaubt es auch, nur bevorzugte Arten anzubauen.

Pflanzenschutz

Bei der Gartenpflege muß man sich mit dem Problemkreis des Pflanzenschutzes auseinandersetzen. ›Pflanzenschutz‹ bedeutet hier, Schädigungen der Gartenpflanzen durch Viren, Bakterien, Pilze, Tiere und sich ansiedelnde, konkurrierende Wildkräuter zu verhindern. Mittel, mit denen man gegen Schädlinge vorgeht, heißen ›Pflanzenschutzmittel‹ oder ›Pestizide‹ (das englische ›pest‹ bedeutet ›Schädling‹). Pestizide teilt man je nach ihrer Zielgruppe ein in *Herbizide* gegen Wildkräuter, die im Wettbewerb mit den Kulturpflanzen deren Gedeihen beeinträchtigen könnten, *Bakterizide* gegen Bakterien, *Fungizide* gegen Pilze, *Akarizide* und *Rodentizide* gegen Milben und Nagetiere, u. a. – jedem Laien bekannt ist das *Insektizid,* das gegen Kerbtiere eingesetzt wird. Heute wird fälschlich oft der Begriff des ›Pestizids‹ ausschließlich mit chemisch-synthetischen Giften in Zusammenhang gebracht.

Bei Buchautoren, die sich mit der naturgemäßen, *biologischen* Gartenpflege, mit der natürlichen Wirtschaftsweise im Garten beschäftigen, werden bisweilen Schädlinge zu ›Schädlingen‹, und auch der Nützling wird per Anführungszeichen zum ›Nützling‹ relativiert – das soll andeuten, wie fragwürdig die Einteilung von Lebewesen in *schädlich* und *nützlich* in bezug auf das Gartengeschehen ist. Denn ein natürlicher Gegenspieler eines Pflanzenschädlings – zum Beispiel Gallmücken als Freßfeinde von Blattläusen – kann nur dann auf einem Areal verbleiben, wenn es seinen Antagonisten, den Pflanzenschädling, dort überhaupt gibt. Wie komplex das Geschehen im Garten und wie zweifelhaft die Einteilung in Kategorien ist, kann man am Beispiel unserer allseits geliebten Singvögel zeigen: Sind sie schon wegen ihres Gesangs geschätzt, vertilgen sie auch noch Pflanzenschädlinge und sind deshalb hilfreich; andererseits fressen sie unsere ungeschützte Saat oder die Früchte des Kirschbaums und die für die Bodenpflege so wichtigen Regenwürmer.

Schädigungen an Gartengewächsen durch Pflanzenschädlinge haben erst dann Bedeutung, wenn eine bestimmte *Schadensschwelle* überschritten wird, wenn etwa im Nutzgarten Ertrags- und Qualitätseinbußen am Erntegut oder an einer Zierpflanze eine ernsthafte Beeinträchtigung ihres Gedeihens zu erwarten sind. Solche Schädigungen kommen aber meist nur dann zustande, wenn Pflanzenschädlinge in Massen auftreten können, weil durch verschiedene Umstände die Regulierung ihres Bestandes ausblieb.

Massenvermehrungen können u. a. dadurch gefördert werden, daß

- Pflanzen in Monokultur – eine Art ohne repellierende Nachbarn – und ohne Fruchtwechsel gezogen und dadurch die Vermehrung artspezifischer Schädlinge forciert wird,
- die Widerstandskraft von Pflanzen durch Mangel an Nährstoffen, Wasser und Licht geschwächt wird,
- Wetterbedingungen für die Pflanzen ungünstig, für den Massenwechsel der Schädlinge jedoch günstig sind,
- Pflanzenarten und -sorten darüber hinaus dadurch geschwächt werden, daß man sie auf ungeeigneten Böden und unter ungünstigen klimatischen Verhältnissen zieht,
- die natürlichen Gegenspieler der Pflanzenschädlinge, Freßfeinde oder Parasiten, den Schädlingsbestand nicht regulieren, weil sie nicht in ausreichender Zahl auf dem Areal vertreten sind.

Praktiziert man also im Garten Mischkultur und Fruchtfolge, versteht man die Bodenpflege als eine der wichtigsten Aufgaben im Gartenbau und beschränkt man sich auf die Kultivierung von standortgerechten Pflanzenarten und -sorten, so beugt man naturgemäß Pflanzenschädigungen vor.

Darüber hinaus ist die Förderung der natürlichen Gegenspieler eine wichtige Aufgabe, wenn auch unter bestimmten Bedingungen die Freßfeinde bereits in Massen auftretende Pflanzenschädlinge nicht mehr wirkungsvoll reduzieren können. In der Fachliteratur wird zum Beispiel darauf hingewiesen, daß es bei Vögeln bei einem Überangebot von stark behaarten Raupen schnell zur Übersättigung kommt, daß die Tiere geradezu Ekel vor ihrer möglichen Beute empfinden. Außerdem findet die Zahl der natürlichen Gegenspieler im Garten ihre natürliche Grenze; bei Vögeln etwa ist durch deren Revierabgrenzung und -verhalten die Zahl der anzusiedelnden Tiere nicht beliebig zu steigern. – Dennoch sind ganz allgemein Schutz und Förderung der Freßfeinde Voraussetzung dafür, daß Schädlingsbestände nicht überhand nehmen.

Welche Tiergruppen gehören zu den Gegenspielern, die Pflanzenschädlinge als Räuber, Parasiten oder *Parasitoide* – sie schmarotzen in ihrem Wirt und töten ihn letztlich – reduzieren?

Neben einigen Viren, Bakterien und Pilzen sind einzelne Mitglieder folgender Tiergruppen von Bedeutung:

Amphibien,	voran Kröten, gehen im Garten gegen Insekten, Asseln, Würmer, Spinnen und Schnecken vor.
Blindschleichen	sind keine Schlangen, sondern gehören zu den Echsen und fressen u. a. Insektenlarven, Würmer und Schnecken.
Brackwespen	(Braconidae) schmarotzen in Insekten.
Fledermäuse	sind rar geworden; sie beginnen in der Dämmerung mit der Jagd auf Nachtfalter, Schnaken u. a.
Florfliegen-Larven	(Chrysopidae) gehen Blattläuse, Blut- und Schildläuse und Spinnmilben an.
Gallmücken	(Itonidae) räubern in Läusebeständen.

Igel	reduzieren Würmer-, Schnecken-, Insekten- und Mäuse-Bestände, fressen aber auch Lurche.
Laufkäfer	(Carabidae) vernichten Schnecken, Insektenlarven und -puppen.
Marienkäfer	(Coccinellidae) sind als Blattlausfresser bekannt, vernichten aber auch Larven und Adulte anderer Schadinsekten.
Maulwürfe	fressen Würmer, Käfer, Schnecken, Raupen und Puppen im und auf dem Boden, haben aber dennoch einen schlechten Ruf, weil ihre Erdhaufen auf dem gepflegten Rasen so ärgerlich sind.
Ohrwürmer	(Forficulidae), auch Ohrenkneifer genannt, greifen Läuse an, aber auch junge Pflanzen.
Raubwanzen	(Pentatomidae) räumen unter Eiern und Larven von Schmetterlingen, Käfern und anderen Insekten auf.
Raupenfliegen	(Tachinidae) greifen vor allem Schmetterlingsraupen an.
Schlupfwespen	(Ichneumonidae) parasitieren in Insektenlarven, auch bei Spinnen und deren Eiern.
Schwebfliegen	(Syrphidae) bringen räuberisch lebende Larven hervor, die Blattläuse fressen – die erwachsenen Tiere ernähren sich von Pollen und Nektar.
Spinnen und Weberknechte	sind hinlänglich als Gegenspieler von Insekten bekannt.
Vögel	im Garten sind meist keine Nahrungsspezialisten; sie fressen innerhalb einer breiten Nahrungspalette, was sich je nach Jahreszeit in Fauna und Flora anbietet.

Zehrwespen (Eulophidae) parasitieren u. a. in Schmier- und Schildläusen.

Man fördert die Schädlings-Gegenspieler im Garten, wenn man

■ bei der Ziergartengestaltung die in den folgenden Kapiteln angeführten standortgerechten, heimischen Pflanzen bevorzugt, die sich als Versteck, Nist- und Überwinterungsplatz und als Nährpflanzen anbieten,

■ auf den Einsatz von chemisch-synthetischen, nicht selektiven Pflanzenschutzgiften verzichtet.

›Nicht selektiv‹ wirken Gifte, die nicht gezielt bestimmte Schädlingsgruppen vernichten, sondern als Atem-, Fraß- oder Kontaktgift auch nicht avisierte Organismen töten, also auch Nützlinge. Mit dem Einsatz nicht gezielt wirkender Gifte wird manchmal ein Massenangriff von Pflanzenschädlingen überhaupt erst möglich: Werden Schädlingsbestände und deren Gegenspieler durch einen Giftstoff reduziert, so erholen sich die Schädlinge schneller als ihre Freßfeinde, denen vorerst für ihre Ernährung die Beutetiere fehlen.

Der Einsatz chemisch-synthetischer Pflanzenschutzgifte steht schon seit längerem im Kreuzfeuer der Kritik. Aus wichtigen Gründen verbietet sich nach heutigem Kenntnisstand ihre Anwendung insbesondere im Hausgarten, in dem das Hobby-Gärtnern geradezu ad absurdum geführt wird, wenn man durch die Verwendung chemischer Pestizide die Natur und sich selbst gefährdet:

■ Der Anwender- und Verbraucherschutz ist nicht immer gewährleistet: Selbstgefährdung bei der Giftausbringung, wenn Anweisungen zu Schutzkleidung und Reinigung, Dosierung und Wetterbedingungen (Spritzen nur bei Windstille) nicht richtig ausgeführt werden, Rückstände auf Obst und Gemüse. Problematische Beseitigung der Giftreste.

■ Nicht-selektive Gifte vernichten auch Nützlinge, schädigen das Edaphon; einige sind giftig für Bienen, Fische und Warmblüter. Schädlingsfresser werden über ihre Beute durch Anreicherung vergiftet.

■ Schädlinge können giftresistent werden.

Auch aus Pflanzen gewonnene Gifte sind nicht allein schon deshalb weniger giftig, weil sie natürlichen Ursprungs sind. *Nikotin* zum Beispiel ist ein starkes Insektizid, das durch Auskochen des Tabaks gewonnen wird – heute ist die Gesundheitsgefährdung durch Nikotin hinreichend bekannt. Auch die Verwendung der in der folgenden Liste genannten starken Gifte wie *Pyrethrum* und *Rotenon* sollte im Garten die Ausnahme bleiben; allerdings haben diese Naturprodukte gegenüber manchen synthetischen, im Laborversuch erprobten Pestiziden einen Vorteil: Schon seit Jahrhunderten bekannt und genutzt, haben sie bei richtiger Dosierung nicht die Gesundheit des Gärtners beeinträchtigt.

Im naturgemäßen Gartenbau favorisiert man mit gutem Erfolg die Regulationsmechanismen der Natur: Bodenpflege mit organischer Düngung und Mulchen, Gemüseanbau in Fruchtfolge, die Nutzung von Repellenten in der Mischkultur und die Förderung der Schädlings-Gegenspieler gewährleisten eine erfolgreiche Pflanzenkultur.

In diesem Sinne verdienen die in der folgenden Rezeptur aufgeführten Kräuter besondere Beachtung, die als Tonikum die Widerstandskraft unserer Kulturpflanzen gegen Schädlingsbefall stärken:

Algenkalk Feingemahlener Kalk wird zwischen die Pflanzen gestreut oder in geringen Mengen gestäubt. Vorbeugender Schutz vor Ameisen, Kartoffelkäfern, Möhren- und Zwiebelfliegen und vor Faltern, insbesondere dem Kohlweißling. Auch erfolgversprechende Vorbeugung gegen die Kraut- und Knollenfäule.

Bitterholz Aus dem Holz des im östlichen Südamerika heimischen Fliegenholzbaumes, *Quassia amara L.*, wird durch Aufkochen mit Wasser eine Brühe hergestellt. Die Bitterstoffe Neo- und Iso-Quassin betäuben und töten viele Insektenarten; das Gift gilt jedoch nicht als bienengefährlich. Bitterholz ist in Drogerien und Apotheken erhältlich; die Brühe wird mit grüner Seife als Haftmittel versetzt und gespritzt, soll jedoch nicht zur Blütezeit eingesetzt werden.

Brennessel

Brennesseltees, -brühen und -jauchen haben für die naturgemäß wirtschaftenden Gärtner große Bedeutung erlangt. Von den 4 Nesselarten werden hauptsächlich die Große Brennessel *Urtica dioica L.* und die Kleine Brennessel *Urtica urens L.* verwendet. Als Tonika fördern Brennesselextrakte die Gesundheit und Abwehrkraft der Kulturpflanzen gegen Schädlinge. Etwa 100 bis 150 g getrockneter Pflanzenteile oder rund 1 kg frischer Nesseln läßt man in 10 Liter Wasser gären; die nach der Gärung nochmals stark verdünnte Jauche wird als Bodengabe ausgegossen oder gefiltert auf die Pflanzen gespritzt. Zur Kombination mit Extrakten anderer Kräuter geeignet. – Getrocknete Blätter sind in Apotheken, Drogerien und auch in Teeläden erhältlich. Als Vorbeugung gegen Schädigungen durch Chlorose, Grauschimmel, Kraut- und Knollenfäule, Kräuselkrankheit u. a.; allgemein die Kulturpflanzen stärkend auch bei Befall durch Gliederfüßer. Die Zugabe von Brennesseln zur Kompostmiete ist, wie auch für die anderen hier aufgeführten Kräuter, empfehlenswert.

Farnkraut

Dem bis zu zwei Meter lange Wedel bildenden Adlerfarn *Pteridium aquilinum (L.)* KUHN und dem Gemeinen Wurmfarn

Dryopteris filix-mas (L.) SCHOTT werden schädlingsabwehrende Wirkungen zugeschrieben. Mindestens 100 g trockenes oder 1 kg frisches Farnkraut auf 10 Liter Wasser geben. Als unverdünnte, gefilterte Jauche auf die Pflanzen sprühen und als etwa 10fach verdünnte Flüssigkeit auf den Boden geben. Wirksam u. a. gegen den Befall mit Blut- und Schildläusen; auch günstig wirkend gegen die Rote Spinne.

Fruchtfolgen im Nutzgartenbau sollten unbedingt geplant und eingehalten werden – siehe Abschnitt ›Fruchtwechsel‹. Wird in Monokultur und ohne Fruchtwechsel angebaut,

Brennessel-jauche: Schnell anzusetzen

erhöht sich bei sonst unveränderten Umweltfaktoren die Wahrscheinlichkeit, daß Kulturpflanzen von auf sie spezialisierten Schädlingen befallen werden, die sich wegen des für sie sehr günstigen Nahrungsangebotes massenhaft vermehren können. In der Fachliteratur wird vor allem auf den dann möglichen Massenwechsel der an Kulturpflanzen schmarotzenden Älchen hingewiesen.

Gesteinsmehle aus den Sedimentgesteinen Mergel und Kalk, aus dem basischen, magnesiumreichen Basalt, aus Tonmineralien oder dem sauren, stark quarzhaltigen Granit reichern nicht nur den Boden an, sondern beugen auch einem Schädlingsbefall vor – einsetzbar vor allem gegen Schnecken. Am besten wird das feine Mehl morgens in geringer Menge auf die taufeuchten Pflanzen gestäubt und zwischen die Pflanzreihen gestreut.

Holzasche kann nach einem Lagerfeuer auf dem Sommerfest im eigenen Garten anfallen oder bleibt nach der Feuerung im Kamin übrig. Die Asche ist nicht nur nährstoffreicher Dünger, sondern wehrt auch Schnekken und Insekten ab. Feingestampft auf die Beeterde streuen und sehr dünnschichtig auf feuchte Pflanzen stäuben.

Knoblauch ist nicht nur ein wichtiger Repellent für die Mischkultur, sondern wird auch als Tee aufgebrüht und als Bakterizid und Akarizid – vor allem gegen Weichhaut- und Gallmilben – im Garten verwendet. Wirkstoffe sind die schwefelhaltigen Produkte des *Allicins* in den Knoblauchzehen. Etwa 100 g feingeriebener Zehen werden mit mehreren Litern Wasser aufgekocht; nach der Abkühlung wird der Tee über die Pflanzen gesprüht.

Mechanische Maßnahmen nennen wir hier jene Methoden des Pflanzenschutzes, die nicht biochemisch greifen. Sie verlangen mehr Arbeitseinsatz als Pflanzenschutzgifte und sind deshalb für den pflegeleichten Garten nicht prädestiniert, sollen aber aus einem wichtigen Grund dennoch hier angeführt werden: Ohne Zweifel weisen sie keine Nebenwirkungen auf, ihr Einsatz ist auch in jedem Nutzgarten zu jeder Zeit hinsichtlich irgendwelcher Beeinflussungen des Ernteguts völlig unbedenklich.

Als wichtige und erfolgversprechende Hilfsmittel und Methoden des Pflanzenschutzes sind zu erwähnen:

Absammeln kann man auch kleinste Schädlinge nach Anlockung – Schnecken sammeln sich in mit Bier gefüllten, im Fachhandel erhältlichen Schneckenfallen. Mit Zuckerwasser lockt man Bodenläufer wie Ameisen u. a. in Fangbehälter. In ausgehöhlten Kartoffeln sammeln sich Asseln; in mit der Schnittfläche in den Boden gedrückte Kartoffelhälften fressen sich Drahtwürmer ein. Unter befeuchteten Tüchern finden sich manche Schädlinge ein.

Abspritzen mit hartem Strahl kalten Wassers aus dem Gartenschlauch kann man Schädlinge, die stabile, den Wasserstrahl vertragende Pflanzen besiedelt haben. Erfolgreich bei der kurzfristigen Zerstörung von Blattlausbeständen.

Fallen	kann man in und vor die Gänge stellen; man fängt damit Mäuse, Maulwürfe, Wühlmäuse.
Fanggürtel und Leimringe	werden, vor allem an Obstbäumen, um die Stämme gelegt; sie sind wirksam gegen stammkriechende Schädlinge.
Flaschen,	deren Boden abgeschlagen wurde, steckt man mit dem Hals in den Boden. Vertreibung von Bodenwühlern durch starke Geräuschentwicklung bei Wind und Resonanz im Boden.
Formbare Pflanzkörbe	aus dem Fachhandel schirmen die Wurzeln von Blumen, kleinen Stauden und Sträuchern gegen Erdwühler wie Wühlmäuse ab. Sie werden vor dem Auslegen von Knollen und Zwiebeln oder vor der Pflanzung des jungen Strauches in das Pflanzloch gelegt, die Pflanze mit Erde in sie hineingepflanzt.
Kochendes Wasser	wird über bodenlebende Schädlinge gegossen. In der Nähe der zu schützenden Pflanzen ist diese Methode natürlich nicht angebracht. Sie ist auch nur zu empfehlen bei kolonie- oder staatenbildenden Schädlingen wie zum Beispiel Ameisen, deren Nest man damit vernichtet.
Netze	haben im Obstbau als Schutz der Früchte vor Vogelfraß Bedeutung. Vögel sind intelligent und erkennen schnell, daß von Stanniolstreifen und Vogelscheuchen keine Gefahr ausgeht. Vogelnetze sollten nicht grün gefärbt sein, sondern in auffälliger Signalfarbe für die Tiere erkennbar sein. Ebenso muß das Netz lückenlos über Strauch- oder Baumkrone gelegt sein, damit die Tiere etwa ins Innere, von dort jedoch nicht wieder herausfinden und sich im Netz verfangen.

Zäune aus engmaschigem Geflecht, um den Gemüsegarten gezogen, sind als Schutz gegen Wildkaninchen u. a. manchmal auch dann notwendig, wenn das gesamte Grundstück bereits durch einen weitmaschigen Zaun, durch niedrige Palisaden oder durch Hecken eingefriedet wurde, die für Kleintiere allerdings kein Hindernis sind.

Mischkulturen In Zusammenhang mit der Bodenpflege (eingeschlossen organische Düngung und Methoden des Mulchens) und dem praktizierten Fruchtwechsel beugt der Pflanzenbau in Mischkultur wirksam dem Schädlingsbefall der Kulturpflanzen vor. Siehe Abschnitt ›Mischkulturen‹.

Mulchen trägt – bei Verwendung organischer Stoffe – als Flächenkompostierung nicht nur zur Bodenverbesserung bei, sondern beeinträchtigt die Ansiedlung von Wildkräutern, die in Konkurrenz zu den Kulturpflanzen des Gartens deren Entwicklung stören könnten. Damit ist das Mulchen auch im pflegeleichten Garten eine effiziente Pflanzenschutz-Maßnahme, die dem Gärtner so manche Arbeitsstunde erspart, die man – ohne Mulchdecke – für das Jäten der Wildkräuter im Gemüsegarten hätte aufwenden müssen.

Netzschwefel ist elementarer Schwefel, der mit zugesetzten oberflächenaktiven Stoffen als Spritzpulver eingesetzt wird. Schwefel ist ein wirksames Fungizid, das hauptsächlich gegen Schorf und Echten Mehltau angewendet wird, aber auch gegen Spinnmilben wirkt. Nicht bienen- und fischgefährlich, ist Netzschwefel doch für manche Obst- und Zierpflanzensorten giftig und deshalb im Gartenbau nicht unumstritten. Wartezeit nach Verwendung mindestens 3 Wochen. – Im Handel unter verschiedenen Handelsnamen angeboten.

Nim

Der Nimbaum, *Azadirachta indica Juss* ist in Malaysia und Ostindien heimisch; der immergrüne Baum wird dort vielfach an Straßen und in Gärten gepflanzt. Das aus den Blättern gewonnene, bittere Alkaloid *Paraisin* hat seit langem als Insektizid und Antisepticum Bedeutung. Das Aufsetzen von mindestens 100 g getrockneter Blätter mit mehreren Litern Wasser liefert eine Jauche, die – über die gefährdeten Pflanzen gesprüht – offenbar eine starke Wirkung als Repellent gegen Gliederfüßer, u. a. Heuschrecken, zeigt. Leider lassen sich Nimblätter in kleinen Mengen zur Zeit über die meisten Apotheken noch nicht beschaffen. Es bleibt abzuwarten, was die Erforschung eventueller Nebenwirkungen beim Nim-Einsatz ergibt. – Mit der Erwähnung des Nim soll hier gezeigt werden, daß es sehr viele, uns heute noch unbekannte Alkaloide geben kann, die sich wirkungsvoll und ohne Breitentoxizität statt gefährlicher, nicht selektiv wirkender chemisch-synthetischer Gifte für den Pflanzenschutz verwenden lassen.

Pyrethrum-Extrakt

Er wird aus zwei Chrysanthemen-Arten gewonnen: Der Dalmatinischen Insektenblume *Chrysanthemum cinerariifolium (Trev.) VIS.* und der Persischen Insektenblume *Chrysanthemum coccineum Willd.* – Pyrethrum ist ein starkes, auch bienengefährliches Insektengift, gilt jedoch als ungiftig für Vögel und Säuger. Wirkstoffe sind die Ester *Cinerin* und *Pyrethrin,* ein Nerven-Muskel-Gift. Daß Pyrethrum schon seit Jahrhunderten im Vorderen Orient als Insektizid genutzt wird, scheint zu bestätigen, daß Menschen durch das Gift nicht zu Schaden kommen; dennoch sollte der Einsatz des nicht spezifisch wirkenden Pyrethrums im Garten die Ausnahme sein. Synthetische, dem Pyrethrum chemisch verwandte, *Pyrethroide* genannte Gifte sind wegen befürchteter Nebenwirkungen umstritten. – Im Fachhandel ist Pyrethrum unter verschiedenen Markennamen erhältlich. Wartezeit nach Verwendung mindestens drei Wochen.

Rainfarn gehört nicht zu den Farnen, sondern ist der von Juli bis September gelb blühende Korbblütler *Tanacatum vulgare L.,* auch *Wurmkraut* genannt. Er enthält Bitterstoffe und ätherische Öle und ist wegen des Stoffes *Thujon* eine Giftpflanze. Die Jauche aus etwa 30 g getrockneter oder 3 kg frischer Pflanzen auf 10 Liter Wasser ist wirksam gegen Viren, Pilze, Milben, Insekten. Als Spritzung und – doppelt verdünnt – als Bodengabe zu verwenden.

Rotenon wird aus den Wurzeln der in Borneo heimischen, seit Jahrzehnten aber auch in den Tropen Südamerikas und Afrikas angebauten Liane *Derris elliptica (Sweet) Benth.* und aus zwei Pflanzen der Gattung *Lonchocarpus* gewonnen. Rotenon ist ein

Benzolderivat, das insektizid wirkt, aber auch Milben und Würmer tötet – und Fische: Die Eingeborenen betäuben durch ins Wasser geworfene, zerkleinerte Derris-Wurzeln die Fische, die so – an die Oberfläche aufgestiegen – leicht abzusammeln sind. Wartezeit mindestens drei Wochen.

Rainfarn *(Tanacetum vulgare)*

Schachtelhalm Brühe oder Tee aus dem Acker-Schachtelhalm *Equisetum arvense L.* wird als Pflanzentonikum gegen die Blattfleckenkrankheit, gegen Grauschimmel, Mehltau, Rost und Schorf, gegen Spinnmilben, Kohlhernie und Rote Spinne eingesetzt. Etwa 150 g Trockenpflanzen aus der Apotheke werden in 10 Litern Wasser eingeweicht und gekocht; die Lösung wird nochmals 5fach verdünnt und an Sonnentagen gespritzt.

Schmierseife (= ›grüne Seife‹) kommt vor allem bei Blattlausbefall zum Einsatz, wird aber auch für die Bekämpfung von Obstmaden, Kohlfliege und Kohlweißling genutzt. Etwa 20 g werden in 2 Litern Wasser aufgelöst; die klebrige Mischung darf jedoch nicht zur Blütezeit gespritzt werden. Nutzbar auch als Haftmittel in der Kombination mit Kräuterjauchen.

Wermut heißt der in Südeuropa und Asien heimische Absinthstrauch *Artemisia absinthium L.* Die stark aromatischen, silbrigen Blätter haben als Heilmittel bei Magenerkrankungen Bedeutung; das ätherische Öl des Absinth ist aber auch ein Krampfgift – die Herstellung von Wermutschnaps wurde deshalb verboten. Etwa 50 g getrockneten oder 500 g des frischen Krauts werden mit 5 Litern Wasser aufgebrüht und nach der Abkühlung gespritzt. Einzusetzen gegen Blattläuse, Milben, Rost.

Zweckmäßige Gartengeräte

Auch im pflegeleichten Garten fallen unumgängliche Arbeiten an. Der Einsatz von Gartengeräten spart dabei um so mehr Mühen, wenn man die Hilfsmittel effizient einzusetzen weiß. Daß man etwa mit der Schaufel nicht Grassoden abzustechen versucht, mit dem Spaten nicht Umsetzarbeiten von Sand oder Kompost vornehmen will, weiß jeder – schwerer tut man sich bei der richtigen Verwendung spezieller Geräte, die für den Gartenbau entwickelt wurden. Dabei haben zweckgerechte Hilfsmittel natürlich im größeren Garten noch mehr Wert als im kleineren, da sie den Zeitaufwand für die Pflege erheblich verringern.

Wir stellen hier nur die wichtigsten Hilfsmittel für die Bewirtschaftung des Hausgartens vor, die in Beziehung zu jenen Methoden und Gestaltungselementen stehen, von denen in diesem Buch die Rede ist. So sollen Rasenmäher hier nicht beschrieben werden; eine Wiese mäht man in der Regel mit Sense oder Sichel. Auch sind im pflegeleichten Hausgarten Motorgeräte meist nicht notwendig; ausgenommen motorgetriebene Häcksler, die für das Kompostieren und Mulchen sehr nützlich sind.

Beim Kauf von Gartengeräten sollte man sich im Fachhandel ausführlich beraten lassen. Auf besonders preisgünstige Angebote einzugehen, ist oft nicht zu empfehlen. Vor dem Kauf ist zu überprüfen, wie es um die Materialqualität bestellt ist, welchen Sinn etwa das neuentwickelte Kombigerät hat. Ist das Metallteil aus Edelstahl in ausreichender Stärke? Ist der Stiel aus geeignetem Holz gefertigt, etwa Buchen- oder Eschenholz? Lassen sich die Möglichkeiten im Garten wirklich nutzen, die das Kombigerät zu bieten scheint? Hat die Konzeption des Gerätes überhaupt Sinn?

Der Katalog der im folgenden vorgestellten Hilfsmittel ist nicht als erforderliche Minimalausstattung zu verstehen; im Zusammenhang mit der individuellen Gestaltung und Bewirtschaftung des eigenen Gartens mag jeder selbst entscheiden, welche Geräte für ihn die Anschaffung lohnen:

Geräte für Boden- und Umsetzarbeiten, allgemeine Hilfsmittel

Bodenkrümler nennt man auch Gartenfräsen. Durch den Zug des Gerätes wird der durch Aufreißzinken zuvor geöffnete Boden anschließend über mehrere umlaufende Stachelwalzen gekrümelt.

Grabegabel Gabel aus rostfreiem Stahl mit meistens vier Zinken. Stiel aus hartem Buchen- oder Eschenholz mit T-Stück oder ausreichend breitem Griffkreis. Die Stiellänge – wie bei allen Geräten – hängt ab von der Körpergröße des Benutzers: Der Stiel sollte vom Boden bis zum Brustbein reichen. Zum Wenden und Zerkleinern von Gartenerde, zum vorsichtigen Unterfassen beim Verpflanzen, zum Stechen von Belüftungslöchern in den Boden.

Hacken gibt es in einer schier nicht zu überschauenden Vielfalt: Zum Beispiel als *Kreuzhakke* zum tiefgründigen Lockern und Lüften des Bodens, als *Jäte-* oder *Doppelhacke* mit Zinken und Hackfläche für das oberflächliche Lockern und für die Entfernung von Wildkräutern, als *Roll-* und *Rodehakken.* Üblicher Standard sind *Zieh-* und *Bügelziehhacken* in Arbeitsbereichen bis etwa 20 cm. Für alle Geräte wichtig ist ein äußerst stabiles, rostfreies Metallteil und ein kräftiger Hartholzstiel.

Häufler — Für manche Pflanzenarten, zum Beispiel beim Lauch, ist das Anhäufeln von Gartenboden zweckmäßig; entlang der Reihe wird links und rechts der Pflanzen je ein Wall aufgeschoben – die Pflanzen stehen stabiler, ihr Schaft wird zudem weiß gehalten. Einem Schneepflug ähnlich, wallt der Häufler beim Ziehen mit zwei Scharen seitlich den Boden auf.

Jäter — entsprechen in ihrer einfachsten Form den Ziehhacken. Als *Standard*- und *Bügeljäter* mit scharfem, auch auswechselbarem Messer und als *Pendeljäter.* Zur Beseitigung von Wildkräutern.

Kultivatoren — mit Scharen in einer Spur (›Sauzahn‹), in 2, 3 oder 5 Spuren. Arbeitsbreiten von etwa 3 bis 40 cm. Länge des Arbeitstiels 150 – 180 cm; aus Hartholz. Zinken aus härtestem, rostfreiem Material. Auch als Mehrzweckgerät, bei dem je nach Einsatz Scharen eingeklinkt und in einer oder mehreren Spuren gearbeitet werden kann. Zum Lockern und Lüften verdichteter und verkrusteter Böden, für die erste Bearbeitung neuer Areale.

Rechen — sind besonders wichtig für das Aufarbeiten von Beeten, auf denen ausgesät wird; organische Reste werden abgeharkt, der mit der Gartenfräse gekrümelte Boden geebnet. Abstand der leicht gekrümmten Zinken etwa 2 bis 3 cm. *Fächerbesen* mit vielen, fächerförmig zusammenlaufenden Federzinken eignen sich besonders gut zum Abharken von Herbstlaub. *Rasenrechen* sind Harken mit großen Arbeitsbreiten, bei denen sich Rasen- und Wiesenschnitt bei Vorwärtsbewegung vom Rechenkopf lösen.

Schaufel Das Gerät sollte mit rostfreiem Schaufelblatt und stabilem Hartholzstiel ausgerüstet sein. Für Umsetzarbeiten geeignet; Sand, Erde, Kompost verladen und anderes.

Schubkarre als einrädrige, luftbereifte Karre mit Wanne von etwa 80 Litern Rauminhalt oder zweirädriger Gartenwagen mit Achse im Schwerpunkt und meist Vollgummibereifung. Die Wanne des wichtigen Transportgerätes besteht meistens aus nicht lakkiertem, aber verzinktem Stahlblech und sollte eine nicht zu große Schrägung der Vorderwand aufweisen, damit der Inhalt ohne zusätzliche Mühen ausgeschaufelt werden kann.

Spaten mit rostfreiem Spatenblatt aus Edelstahl; ausreichend breite Trittfläche mit genügend breit abgewinkeltem und stabilem Trittrand. Stiel aus hartem Eschen- oder Buchenholz mit T-Stück oder nicht zu schmalem Griffkreis.

Geräte für Aussaat, Pflanzung, Schnitt, Ernte

Aussaathilfen Mit einer *Saatleine* lassen sich längs des Beetes die Reihen für die Samen schnurgerade ziehen – wenn man nicht ohnehin die Saatfurchen mit einem *Rillenzieher* gerade und im richtigen Abstand voneinander zieht: In Arbeitsbreiten bis zu etwa 70 cm und mit 5–7, im Abstand einstellbaren Scharen wird das Gerät in Längsrichtung über das Saatbeet gezogen, die Samen dann in die Furchen eingelegt. – Der Samenabstand innerhalb der Reihe wird mit einer *Särolle* eingehalten, die aus einem Laufrad die Samen in gleichmäßigem Abstand entläßt. Durch Magazinwechsel ist die Einbringung von feinem wie grobem Saatgut möglich. – Im Handel erhältliche *Saatbänder,* in die die Samen eingebettet sind, sorgen ebenfalls für den richtigen Abstand in der Reihe. – *Saatstecker,* Streifen mit unten angeklebten Samen und am oberen Ende mit Markierung, bis zu der der Streifen in den Boden gesteckt wird, sorgen für die richtige Saattiefe. – Trotz aller Hilfen: Saatfurchen lassen sich schnell mit dem Stiel der Harke ziehen, schnurgerade Reihen sind so wichtig nicht, und für den Samenabstand in der Reihe und die Saattiefe reicht das Augenmaß.

Pilliertes Saatgut: Auch manuell gut zu dosieren

Pflanzer auch *Pflanzkellen* oder *Handgabeln* sind Hilfsmittel für die Pflanzung von Setzlingen, Blumenzwiebeln, -knollen.

Scheren und Sägen sind unentbehrlich: *Astscheren* für den Astschnitt bis 50 mm Stärke; zur besseren Kraftübertragung mit rund 50 cm langen Hebelarmen – für den Schnitt in hohen Baumkronen gibt es besondere *Zweigscheren,* die durch eine Verlängerungsstange hochgeführt und über einen Seilzug betätigt werden. – *Heckenscheren* haben lange Messer und mittellange Handhebel, die rutschfest sein sollten. – *Gartenscheren* braucht man für schwächeres Schnittgut mit Stärken bis etwa 20 mm – Zweige, Reben, Stauden, Stengel. Der Schneidemechanismus sollte mit Hilfe eines Sicherheitshebels arretiert werden können; rostfreie Scherenblätter, Griff mit Gummierung gegen Abrutschen. – *Baumsägen,* die für die Pflegearbeit an Gehölzen gebraucht werden, gibt es als Handsäge mit geschwungenem festem Blatt oder als Bügelsäge mit auswechselbaren Sägeblättern und etwa 50 cm Länge.

Sichel und Sense sind unbedingt notwendig im Hausgarten, in dem eine Wiese angelegt wurde. Weil nur höchstens zweimal jährlich gemäht wird, schafft ein Rasenmäher meist nicht den Schnitt der hochwüchsigen Gräser und Blumen. – Kleine Wiesenstücke sind schnell mit der *Handsichel* geschnitten, bei größeren ist die Mahd mit der *Sense* effektiver. Beim Kauf von Sichel und Sense auch gleich den Wetzstein besorgen. Wer noch nicht mit der Sense gearbeitet hat, läßt sich besser die Handhabung vom Gärtner zeigen.

Erntegeräte sind vor allem bei hochwüchsigen Obstbäumen von Bedeutung: *Erntegreifkörbe* mit Fruchtreißring an Steck- oder Teleskopstielen. – *Leitern* sollten das Prädikat einer Sicherheits- und Konstruktionsprüfung tragen.

Hilfen beim Kompostieren und Mulchen

Zusätzlich zur schon erwähnten Grabegabel, Schaufel und Schubkarre erleichtern die anfallenden Arbeiten rund um die Kompostmiete:

Gartensiebe und Durchwurfgitter Aussieben von groben, nicht verrotteten Materialien aus dem Kompostsubstrat – wie Steine, größere Holzstückchen und anderes.

Kompostsilo Oft werden im Fachhandel erhältliche Kompostbehälter vor allem deswegen gekauft, weil die Kompostierung in einer frei geschichteten, nicht umgrenzten Miete dem Gartenbesitzer unordentlich und unsauber erscheint. Ein gekauftes oder selbstgebautes Silo sieht akkurat aus und spart insofern Platz, als man das Kompostmaterial senkrecht, von den Wänden zusammengehalten, auftürmen kann – die freie Miete dagegen wird zwangsläufig nach oben hin schmaler werden. Besonders effektiv ist die Einteilung in drei Abteile, wie unter ›Kompostierung‹ umrissen. Im kleinen Garten mit nur in geringen Mengen anfallendem und benötigtem Kompost sind auch *Komposttonnen* nützlich, die der Handel anbietet; sie sollen eine schnellere Verrottung ermöglichen.

Häcksler

Das Kompostmaterial aus Küche und Garten verrottet auf der Miete weitaus schneller, wenn es zuvor zerkleinert wurde – auch das Mulchen mit zerkleinertem Material ist wirkungsvoller. Es ist ein mühsames Unterfangen, die Abfälle mit Axt und Schere, Beil und Säge zu zerkleinern – dabei hilft der Häcksler. Mit Elektromotoren für 220 V Netzspannung oder für Drehstrom (im Garten vorhanden?) und mit Benzinmotoren ausgerüstet, ob als Messerhäcksler oder mit Hammerscheiben-System, sind sie aber nur mit ausreichenden Motorleistungen brauchbar. Wünschenswert sind Häcksler mit Leistungen ab 1,5 kW, die auch Astwerk bis 50 mm Stärke und mehr bewältigen und nicht schon bei der Schnitzelung von Küchenabfällen ihre Leistungsgrenze zeigen. Ein leistungsstarker Häcksler ist eine teure, im natürlich bewirtschafteten Garten aber sinnvolle Anschaffung. Es ist ratsam, sich gemeinschaftlich mit interessierten Nachbarn das Gerät anzuschaffen. Zur Maschine gehören passende Unterstellkörbe oder Säcke, die das gehäckselte Material aufnehmen. Eine Alternative zu den Motorhäckslern ist ein von Hand getriebenes Gerät. Bezugsnachweis über Thomas Pfau, Juchstraße 27, CH-8116 Würenlos/Schweiz.

Bei der Anschaffung eines Motorhäckslers und bei seiner Handhabung ist zu beachten:

■ Die gegenüber dem Elektroantrieb lauteren Benzinmotoren sollten einen erträglichen Lärmpegel nicht überschreiten.

■ Das Gerät sollte für Reinigung und Reparatur nur zu öffnen sein, wenn die Messer bereits still stehen. Das geöffnete Gerät sollte nicht in Betrieb gesetzt werden können.

■ Stabile, das Gerät trotz Vibrationen sicher tragende Standbeine sind erforderlich. Scharfe Blechkanten und nach Reinigung und Wartung nur umständlich zu montierende Schneidemesser gefährden den Gärtner.

■ Bei der Arbeit trägt man Schutzbrille und Handschuhe. – Kinder sollte man von dem Gerät unbedingt fernhalten.

Hilfsmittel für die Bewässerung

Der Wasserverbrauch für die Bewässerung von Gartenpflanzen verringert sich bereits erheblich, wenn man den Gartenboden stets mit Mulchmaterial bedeckt hält (siehe Abschnitt ›Mulchen‹). Für die Wasserversorgung der Kulturpflanzen, insbesondere in Trockenperioden, sind Hilfsmittel dennoch notwendig:

Regentonnen sind nützlich, um wertvolles Trinkwasser aus der Leitung zu sparen. In das Fallrohr der Regenrinne am Haus setzt man eine Klappe ein, über die das Regenwasser in die darunter stehende Tonne geleitet wird – und erhält so ein Wasserreservoir für Trockenzeiten.

Gießkannen Je nach Größe der zu bewässernden Fläche sind oft kleinere Kannen zu bevorzugen; sie sind leichter, dafür muß man öfter laufen – der Wasserstrahl läßt sich mit leichteren Kannen genauer dosieren. Zwei kleinere Kannen sind günstiger als eine große; man belastet sich beim Tragen beidseitig gleichmäßig.

Wasserschlauch Gartenschläuche gibt es in vielen Ausführungen und Preisklassen; einige Kriterien sind bei der Anschaffung allerdings zu beachten:

■ Sie sollten druckbeständig sein und auch bei plötzlicher Druckerhöhung – der gefüllte Schlauch wird zum Beispiel abgeknickt – nicht platzen.

■ In durchsichtigen Schläuchen siedeln sich schnell Algen an. Eine Signalfärbung ist sinnvoll.

■ Bei einer Schlauchlänge bis zu etwa 20 m und üblichem Leitungsdruck genügt ein Durchmesser von ½ Zoll (1,27 cm); bei längeren Schläuchen geht man wegen der Druckerhöhung besser auf ¾ Zoll (1,9 cm).

■ Ein guter Gartenschlauch sollte bei höheren Temperaturen nicht weich werden, bei Kälte formbar bleiben.

Praktisch ist ein für den Wasserdurchlauf eingerichteter *Schlauchwagen:* Man muß lediglich die Zuleitung zum Wasserhahn an die Wagentrommel anschließen und kann nun den betriebsbereiten Schlauch abrollen.

Steckverbindungen, mit denen man die Schläuche mühelos, ohne zuvor mit Schrauben und Muffen hantieren zu müssen, verbinden, an Wasserhahn, Sprenger, Spritzdüse anschließen kann, sollten bruchfest, hitzebeständig und – wenn aus Metall – rostbeständig sein und zudem den Strömungswiderstand in der Leitung nicht erhöhen.

Gartensprenger werden in Verbindung mit dem Gartenschlauch meistens als Kreis- oder Viereckregner angeboten, die – der Name sagt es – eine runde oder rechteckige Fläche beregnen.

Dem Sprengen vorzuziehen ist, besonders im Nutzgarten, die

Tröpfchenbewässerung Diese Form der Pflanzenbewässerung praktizierte man früher vor allem im gewerblichen Gartenbau, wo aus Kostengründen ein sparsamer Wasserverbrauch besonders angezeigt war – im Vergleich zu herkömmlichen Bewässerungssystemen wird damit erheblich Wasser gespart. – Ober- oder unterirdisch, in Wurzeltiefe, werden perforierte Rohre oder Schläuche verlegt, die in feinen Tropfen Wasser abgeben. So wird nur die jeweils benötigte Wassermenge zu den Pflanzen gebracht – sinnlose Verdunstungen durch überreichliche Wassergaben auf Pflanzen und Bodenoberfläche werden verhindert. – Der Fachhandel bietet komplette Tröpfchenbewässerungs-Systeme für den Hausgarten an.

Schaltwerke Elektrische *Zeitschaltuhren,* dem Wasserhahn nachgeschaltet, stellen die Sprengung in einstellbaren Intervallen ein und aus. Das hat bei Abwesenheit des Gärtners aber Konsequenzen – die Gartenfläche wird zur eingestellten Zeit auch gewässert, obwohl es vielleicht ohnehin gerade regnet. – Einen Schritt weiter entwickelt sind dagegen *Steuergeräte,* die über *Feuchtefühler* (Quellkörper, Tensioschalter) – die auf Beet oder Rabatte aufgebracht werden – den jeweiligen Wasserbedarf ermitteln.

Hilfsmittel für den Pflanzenschutz

Chemisch-synthetische Gifte gegen Schädlinge setzen wir nicht ein (siehe ›Pflanzenschutz‹); entsprechend sind nur wenige Hilfsmittel notwendig:

Eimer, Wannen oder Fässer brauchen wir für das Ansetzen von Kräuterjauchen, etwa aus Brennessel oder Rainfarn. Aus dem Eimer können vorsichtig Bodengaben ausgebracht werden.

Stäubedosen können sinnvoll sein für das Stäuben feingestampfter Stoffe, zum Beispiel pulverisierter Holzasche.

Sprühen Meist genügen für das Sprühen von gefilterten Jauchen, von Tees und Brühen, von Schmierseifelösungen bereits die einfachen und preiswerten *Handsprüher,* die man im Haushalt für das Befeuchten der Bügelwäsche ebenso verwendet wie für das Besprühen der Zimmerpflanzen. Durch Betätigung des Pump-Armes wird die Flüssigkeit fein zerstäubt.

Vorbild Gebirgswiese: Naturwiesen entstehen oberhalb der Baumgrenze

Elemente des pflegeleichten Ziergartens

Blumenwiese statt Gartenrasen

Es muß wohl eine Mode sein: In fast jedem Hausgarten wird eine Rasenfläche angelegt, wünscht man sich den makellosen *englischen Rasen,* der so intensive, zeitraubende Pflegearbeiten verlangt wie kaum ein anderer Teil des Gartens. Was mag den Rasen nur so unentbehrlich machen, daß man nicht darauf verzichten zu können glaubt? – Es gibt Gründe, die für seine Anlage sprechen: Der Rasen als trittfeste Spielfläche, für Ballspiele aller Art, als Platz für die Sandkiste des Kleinkindes, der Rasen als robuste Liegefläche, die Hollywood-Schaukel und Liegestuhl aufnimmt – aber kann man zu Recht das Kunstprodukt Rasen als *ein Stück Natur* verstehen, als naturgemäße Ergänzung der Gartenflora?

Wohl kaum. Ein Rasen ist eine Nutzfläche, auf die man nicht verzichten kann, wenn man sich im eigenen Garten einen Platz für Sport und Spiel freihalten will. Auch im pflegeleichten Garten wird man eine robuste, trittfeste Gartenfläche schätzen und auch hier auf ein Stück Rasen nicht verzichten wollen. Aber im größeren Garten, vielleicht auf Hunderten von Quadratmetern, Rasen auszusäen, obwohl der größte Teil des *grünen Teppichs* nicht als Spiel- oder Liegefläche gebraucht wird, kostet unnötig Zeit und Arbeit für die Pflege.

Planung

Bei der Planung eines pflegeleichten Gartens denkt man mit Schrecken an die Mühen, die der saubere, stets kurz gehaltene englische Rasen erfordert: Mit dem *Vertikutierer* muß das Moos entfernt werden, mit dem *Aerifizierer* wird der ältere Rasen in schweißtreibender Arbeit gelokkert. Im Sommerhalbjahr muß der Teppichrasen vielleicht wöchentlich, mindestens aber in vierzehntägigen Abständen gemäht, der Schnitt abgeharkt werden. Heiße Sommertage übersteht der Rasen nur mit ausgiebiger Wässerung, die – wenn aus der Leitung gespeist – immense Mengen von Trinkwasser verbraucht. Zudem will das Kunstprodukt auch gedüngt werden ... und wer sich erstmal auf die Pflege des Rasenteppichs einläßt, ärgert sich ständig über Weißklee, Wegerich oder Löwenzahn, die sich ansiedeln und den adretten Rasen zu entstellen scheinen; die Wildkräuter werden laufend ausgestochen oder mit Herbiziden vernichtet. – Das alles für ein Stück Rasen, das kaum Wert für die Tierwelt hat. Kein Frosch, kein Molch, der hier Unterschlupf fände, eine fast leere Speisekammer für Vögel, die bestenfalls am Morgen noch einen Wurm an der Rasenoberfläche erwischen, keine nährenden Blüten für Insekten.

Pflegeleichte Alternative

Die pflegeleichte Alternative zu einer in unserem Sinn überflüssigen Rasenfläche ist die Blumenwiese. Auch eine Wiese ist letztlich nicht der Inbegriff des Natürlichen; als dauerhaften, stabilen, sich nicht grundsätzlich verändernden, natürlichen Lebensraum findet man sie in Mitteleuropa nur in Gebirgslagen oberhalb der

Baumgrenze oder auf stark salzigen, für unsere Gehölze nicht geeigneten Böden. In anderen Gebieten kann sie nur durch menschlichen Einfluß geschaffen und erhalten werden. Würde man Wiesen nicht mähen, so siedelten sich schnell Bäume und Sträucher an, die durch Beschattung und Nahrungskonkurrenz die Wiesenblumen unterdrücken würden. Diese natürliche, gesetzmäßige Ablösung bestimmter Pflanzengruppen durch jeweils andere nennt man *Sukzession.*

Daß man eine Wiese nicht ständig betreten sollte, damit die Blumen nicht abgeknickt und zerstört werden, ist ihr Nachteil; ansonsten bringt sie im pflegeleichten, naturnahen Garten viele Vorteile mit sich:

Vorteile der Blumenwiese

- Die Blumenwiese muß nur selten geschnitten werden; einmalige, höchstens zweimalige Mahd im Jahr mit Sense oder Sichel genügt,
- Bewässern, auch im heißen Sommer, ist nicht notwendig,
- Magerwiesen werden gar nicht, Fettwiesen im Garten nur wenig gedüngt,
- der hohe Bewuchs und die Fülle der Blütenpflanzen bieten den Tieren im Garten Unterschlupf und Nahrung.

Eine Wiese setzt sich aus charakteristischen Pflanzenarten zusammen, die spezifische Ansprüche an die Bodenverhältnisse, an Nährstoffversorgung und Feuchtigkeit stellen – es siedeln sich im Garten dauerhaft nur jene Wiesenpflanzen an, deren Ansprüche auf dem Gartenboden erfüllt werden. Folgende Wiesenarten sind zu unterscheiden, die als Tierfutter in der Landwirtschaft Bedeutung haben:

Magerwiesen entstehen auf mageren, nährstoffarmen, eher trockenen Böden. Für kalkarme Magerwiesen-Böden ist das Rote Straußgras *Agrotis tennuis* Leitpflanze, für kalkreiche die Aufrechte Acker-Trespe *Bromus errectus* charakteristisch.

Fettwiesen gedeihen auf nährstoffreicheren, frischen bis feuchten Böden. Charakteristisch ist der Glatthafer *Arrhenatherum elatius* oder der Wiesen-Goldhafer *Trisetum flavescens.*

Kunstwerk Löwenzahn: Wirklich überall ein Ärgernis?

Sumpfwiesen stellen sich auf nassen Böden ein. Sie haben für den Garten kaum Bedeutung. Auf bebauten Grundstücken ist ein nasser Boden die Ausnahme.

Unkompliziert ist die Anlegung einer Wiese auf einem gerade bebauten, unbepflanzten Grundstück, auf dem die für die Wiese vorgesehene Fläche noch nicht belegt ist. In Abhängigkeit von der Bodenart eignet sie sich entweder besonders für die charakteristischen Pflanzen der Fett-

Mit wenigen Arten der Schönheit genug getan: Hier dominieren Wiesenmargarite, Hahnenfuß und Rotklee

oder besser für die der Magerwiese. Die Magerwiese kann sich vor allem anbieten, wenn das Baugrundstück noch nicht mit nährstoffreichem Mutterboden aufgeschoben wurde und die Fläche einen eher trokkenen, mageren Boden aufweist.

Man hat hier zwei Möglichkeiten:

1. Der Boden wird, wenn notwendig, gelockert und aufgerauht; sonst braucht man nichts zu tun – keine Aussaat, keine weitere Bodenpflege. Hier entsteht von selbst eine streng standortgerechte Wiese, in der nur die geeigneten, in der Region vertretenen Pflanzenarten siedeln. Eine Verfälschung der heimischen Flora durch die Aussaat nicht standortgerechter Gräser und Blumen unterbleibt; diese Möglichkeit verwirklicht damit den Wunsch nach *Natur im Garten,* der Ansiedelung jener Pflanzenarten, die im natürlichen Umfeld des Gartens gedeihen. – Allerdings ist dies nur eine Methode für geduldige Gartenbesitzer, denn es dauert Jahre, bis die Fläche vollständig bedeckt und auch artenstabil ist. Außerdem kann das Ergebnis für denjenigen enttäuschend sein, der eine bunte Blütenpracht erwartet hat, wie sie auf den im Fachhandel geführten Wiesensaat-Tüten vorgestellt wird – es kann sich über den Samenflug nur ansiedeln, was im Gartenumfeld vorhanden ist.

Samenflug

2. Der Boden wird gelockert und aufgerauht, wenn nötig gekalkt und im Frühjahr Gräser- und Wiesenblumensamen ausgesät. Schon im Jahr der Saat bildet sich eine recht dichte, blühende Wiese, die man bereits im folgenden Jahr mäht.

Ähnlich kann man vorgehen, wenn die Gartenwiese im bereits gestalteten Garten angelegt oder eine pflegeintensive Rasenfläche in eine Blumenwiese umgestaltet werden soll.

Folgende Möglichkeiten gibt es:

1. Man läßt auf dem Rasen jedes Wiesenkraut ungehindert gedeihen, das sich einstellt. Hat man früher den unkrautfreien, sterilen Rasen gehegt und gepflegt, durch Ausstechen oder Einsatz von Herbiziden die unerwünschten Pflanzen vernichtet, so läßt man nun ihre Verbreitung auf dem Rasen zu – rasch siedelnde Wildkräuter sind dann sogar erwünscht. Gemäht wird mit Sense oder Sichel nur dann, wenn die hochgewachsenen Gräser bereits umzuknicken drohen. Die Entstehung einer Magerwiese kann man dadurch fördern, daß man in den ersten beiden Jahren häufiger mäht, das Schnittgut aber abharkt; dem Boden werden so rascher die Nährstoffe entzogen, die man vielleicht zum Gedeihen des ›englischen Rasens‹ auf einem mageren Boden noch vor kurzem mit regelmäßigen Düngergaben zugeführt hatte. Später wird auch hier nur ein-, höchstens zweimal im Jahr gemäht.

Nährstoffentzug

2. Weitaus mehr Arbeit erfordert zunächst das Abtragen der obersten Rasenschicht, die Auflockerung, Aufrauhung und gegebenenfalls die Aufkalkung des Bodens, als Vorbereitung für die Aussaat einer Wiesenmischung. Die Rasensoden schichtet man zweckmäßig zu einer Miete auf, in der die Halme bald verrotten, die nährstoffreiche Erde kann dann für andere Gartenzwecke verwendet werden. Auf der neuen Wiesenfläche wird die durch die Sodenabtragung verlorene Bodenschicht ersetzt; für eine Magerwiese mit Sand, für die Fettwiese besser mit lehmigem Boden. Trägt man die Rasensoden in einer Stärke von etwa 5 bis 10 cm ab, so werden für den Bodenausgleich ca. 50 bis 100 Liter je Quadratmeter gebraucht.

3. Ein Kompromiß aus den vorgenannten Methoden bietet sich an: Man beläßt den Rasen, lockert lediglich an einigen Stellen die Grasnarbe auf, rauht den Boden auf und sät eine Wiesenmischung aus.

Zu bunt, um wahr zu sein: Hier wird man im nächsten Frühjahr von neuem aussäen müssen, wenn die Blumenwiese in dieser Form erhalten werden soll

Eine hochgewachsene Wiese wird mit der Sense, kleinere Stücke auch mit der Handsichel gemäht. Auf Magerwiesen reicht die einmalige Mahd im Gartenjahr; günstig dafür ist der Herbstanfang Ende September oder im frühen Oktober, wenn die Hauptblütezeit bereits längst vorbei ist, viele Pflanzen bereits ausgesämt haben. – Eine wüchsige Fettwiese hingegen muß man in der Regel zweimal schneiden. Vor dem Herbstschnitt sollte Anfang Juni mit Sense oder Sichel gemäht werden. – Tiere nehmen Wiesen schnell als Lebensraum an; die Fauna wird allerdings durch die Mahd in ihrer Entwicklung gestört. Deshalb ist es nützlich, wenn man die Wiese in Etappen mäht: Zunächst wird eine Hälfte, ein Drittel oder ein Viertel der Fläche geschnitten – das Schnittgut bleibt liegen, und erst später wird die Mahd auf einem weiteren Wiesenteil fortgesetzt, das alte Schnittgut dann abgeharkt. Kleintiere können dann in den jeweils noch nicht gemähten oder schon wieder nachgewachsenen Wiesenteil wechseln, finden dort weiterhin Nahrung und Unterschlupf.

Mahd in Etappen

Vor der Aussaat auf kahle, gerodete Böden oder vor der Ergänzungssaat auf die Rasenfläche, die nun zur Blumenwiese auswachsen soll, erfolgt die Bodenanalyse: Ist der Gartenboden eher trocken und nährstoffarm oder eher frisch und nährstoffreicher, vielleicht auch feucht? Ist er kalkarm oder eher alkalisch? Nur wer die Bodenqualität kennt, kann absehen, ob eher überwiegend nährstoffreichere, auch frische bis feuchte Böden bevorzugende

Pflanzen gedeihen oder ob die genügsamen, mit mageren Böden vorliebnehmenden Arten siedeln werden. Im Handel werden relativ einfache, oft für unsere Zwecke ausreichende Geräte und Reagenzien für die Analyse der Bodennährstoffe und des pH-Wertes angeboten.

Gegen Gebühr untersuchen auch einige bundesdeutsche Forschungsinstitute eingeschickte Bodenproben, so zum Beispiel gegen einen Beitrag bis zu rund 30 Mark die Landwirtschaftlichen Untersuchungs- und Forschungsanstalten in Karlsruhe, Bonn, Hameln, Kassel, Kiel, Münster, Oldenburg, Speyer.

Saatgutmischung

Beim Kauf und bei der Verwendung von Wiesen-Saatgut ist zu beachten:

- Fertigmischungen sollten zumindest grob nach der Bodenqualität ›trocken‹ und ›mager‹, ›frisch/feucht‹ und ›fett‹ eingeteilt, zudem die einzelnen Pflanzenarten aufgelistet sein.
- Immer mehr Saatguthandlungen stellen Mischungen nach dem Wunsch des Kunden zusammen.
- Für die Aussaat auf kahle, gerodete Flächen werden 10 – 15 g Saatgut empfohlen. Die Mischung sollte zu etwa 80 – 95 Gewichtsprozent aus Grassaat, der Rest aus Blumen-Saatgut bestehen.
- Die Aussaat kann von Mai bis Juli/August erfolgen. Die breitwürfig ausgestreuten Samen werden auf dem Boden festgetreten, die Saatfläche dann gewässert. Bei Trockenheit auch in den nächsten zwei Monaten regelmäßig für Bodenbefeuchtung sorgen.

Mit der folgenden Auflistung stellen wir eine kleine Auswahl der bei uns vorkommenden, zum Teil häufig anzutreffenden Wiesenpflanzen vor. Im Rahmen dieses Buchs können wir die regionale Verbreitung der Pflanzenarten nicht im einzelnen darstellen; eine auf Vorgebirgswiesen prächtig gedeihende und weit verbreitete Pflanzenart wird man unter Umständen in der norddeutschen Tiefebene vergeblich suchen. – Unter streng ökologischem Gesichtspunkt sollten, sofern man nicht auf die Aussaat verzichten und auf die Selbstbesiedelung warten will, nur standortheimische Pflanzen gesät werden. Mit Hilfe eines Bestimmungsbuches kann man das Verbreitungsgebiet einzelner Wiesenpflanzen ermitteln. Hinreichend genaue Informationen zur Artenverbreitung gibt zum Beispiel die ›Flora von Deutschland‹ von Schmeil/Fitschen (siehe Literaturverzeichnis).

Pflanzen als Bodenzeiger

Die meisten der im folgenden vorgestellten Pflanzenarten gedeihen auf schwach sauren bis schwach alkalischen Böden; *Säurezeiger* hingegen siedeln überwiegend auf sauren bis stark sauren Böden, *Kalkzeiger* wachsen auf kalkhaltigen bis kalkreichen Böden. Nicht alle Pflanzen sind hinsichtlich ihrer Verbreitung ausschließlich auf magere oder aber fette Böden spezialisiert; so findet man die Wiesen-Margerite ebenso auf nährstoffreicheren wie auch auf ärmeren, ungedüngten Böden. Die Einteilung der Pflanzenarten erfolgte in Anlehnung an die Beschreibung und Bewertung von Dietmar Aichele und Heinz Ellenberg:

Blütenpflanzen für magere, eher stickstoffarme Böden

Botanischer Name	Deutscher Name
Agrimonia eupatoria	Kleiner Odermennig
Armeria maritima	Gemeine Grasnelke
Campanula rotundifolia	Rundblättrige Glockenblume
Carlina acaulis	Silberdistel
Centaurea scabiosa	Skabiosen-Flockenblume
Chrysanthemum leucanthemum	Wiesen-Margarite
Cirsium acaule	Erd-Kratzdistel
Coronilla varia	Bunte Kronwicke
Cuscuta epithymum	Quendel-Seide
Daucus carota	Wilde Möhre
Erophila verna	Hungerblümchen
Euphrasia rostkoviana	Augentrost
Eryngium campestre	Feld-Männertreu
Hypericum perforatum	Johanniskraut
Knautia arvensis	Acker-Skabiose
Linum catharticum	Wiesenflachs
Lotus corniculatus	Gemeiner Hornklee
Onobrychis viciaefolia	Saat-Esparsette
Phyteuma orbiculare	Kopfige Teufelskralle
Pimpinella saxifraga	Kleine Bibernelle
Plantago media	Weide-Wegerich
Polygala vulgaris	Gemeine Kreuzblume
Potentilla erecta	Aufrechtes Fingerkraut
Pulsatilla pratensis	Wiesen-Küchenschelle

Blüten-farbe	Blütezeit	Höhe (cm)	Bemerkung
Gelb	Juni – Juli	30 – 130	Kalkzeiger
Lila	Mai – September	20 – 40	
Blau	Juni – September	15 – 50	
Weiß	Juni – September	3 – 30	
Rot	Juli – August	60 – 130	Kalkzeiger
Gelb	Mai – Oktober	30 – 60	
Rot	Juli – September	5 – 20	Kalkzeiger
Rosa	Juni – September	30 – 130	Kalkzeiger
Rot	Juli – August	10 – 60	
Weiß	Juli – Oktober	30 – 60	
Weiß	Mai – Oktober	15 – 30	
Weiß	Juni – Oktober	5 – 25	
Weiß	Juli – August	15 – 50	Kalkzeiger
Gelb	Juni – Oktober	30 – 60	
Blau	Juli – August	30 – 70	
Weiß	Juni – August	10 – 30	
Gelb	Mai – September	5 – 30	
Rot	Mai – Juli	30 – 60	Kalkzeiger
Blau	Mai – September	15 – 50	Kalkzeiger
Weiß	Juni – Oktober	15 – 50	
Weiß	Mai – Juni	15 – 30	Kalkzeiger
Blau	Mai – August	15 – 25	
Gelb	Juni – Oktober	15 – 30	
Lila	April – Mai	10 – 50	

Botanischer Name	Deutscher Name
Rumex acetosella	Kleiner Ampfer
Sanguisorba minor	Kleiner Wiesenknopf
Teesdalia nudicaulis	Bauernsenf
Thesium pyrenaicum	Wiesen-Leinblatt
Thlaspi perfoliatum	Hellerkraut
Trifolium campestre	Feldklee
Trifolium arvense	Hasenklee
Trifolium medium	Zickzack-Klee

Blütenpflanzen für fette, eher frische bis feuchte Böden

Botanischer Name	Deutscher Name
Anthriscus sylvestris	Wiesen-Kerbel
Ajuga reptans	Kriechender Günsel
Alchemilla vulgaris	Gemeiner Frauenmantel
Bellis perennis	Gänseblümchen
Cardamine pratensis	Wiesen-Schaumkraut
Carum carvi	Wiesen-Kümmel
Cerastium fontanum	Gemeines Hornkraut
Cirsium oleraceum	Kohldistel
Colchium autumnale	Herbstzeitlose
Crepis biennis	Wiesen-Pippau
Galium mollugo	Gemeines Labkraut
Geranium pratense	Wiesen-Storchschnabel
Glechoma hederaceum	Efeu-Gundermann
Heracleum sphondylium	Wiesen-Bärenklau

Blüten-farbe	Blütezeit	Höhe (cm)	Bemerkung
Rot	Mai – Juni	10 – 30	Säurezeiger
Grün	Mai – Juni	20 – 70	Kalkzeiger
Weiß	April – Mai	10 – 20	Säurezeiger
Weiß	Juni – Juli	15 – 30	
Weiß	April – Juni	5 – 20	Kalkzeiger
Gelb	Juni – September	5 – 30	
Weiß	Juli – Oktober	10 – 30	Säurezeiger
Rot	Juni – August	30 – 50	

Blüten-farbe	Blütezeit	Höhe (cm)	Bemerkung
Weiß	April – August	70 – 130	
Blau	Mai – Juni	15 – 30	
Grün	Mai – Oktober	15 – 50	
Gelb	Febr. – November	5 – 10	
Weiß	April – Mai	30 – 50	
Weiß	Mai – Juni	30 – 100	
Weiß	April – Oktober	10 – 50	Säurezeiger
Gelb	Juli – September	50 – 150	Kalkzeiger
Rot	August – Oktober	5 – 20	
Gelb	Mai – September	50 – 100	
Weiß	Mai – August	30 – 80	
Blau	Juni – September	30 – 60	Kalkzeiger
Lila	März – Mai	15 – 50	
Weiß	Juni – Oktober	30 – 150	

Botanischer Name	Deutscher Name
Lathyrus pratensis	Wiesen-Platterbse
Lythrum salicaria	Blut-Weiderich
Pimpinella major	Große Bibernelle
Plantago major	Breitwegerich
Polygonum bistorta	Schlangenwurz
Potentilla reptans	Kriechendes Fingerkraut
Ranunculus ficaria	Frühlings-Scharbockskraut
Ranunculus repens	Kriechender Hahnenfuß
Symphytum officinale	Gemeiner Beinwell
Taraxacum officinale	Gemeiner Löwenzahn
Tragopogon pratensis	Wiesen-Bocksbart
Trifolium repens	Weißklee
Trollius europaeus	Trollblume

Krokusse: Man kann auch Blumenzwiebeln in die Wiesenfläche setzen – Krokusse, Märzenbecher oder Narzissen kommen als Frühblüher zur Geltung

Blüten-farbe	Blütezeit	Höhe (cm)	Bemerkung
Gelb	Juni – August	30 – 100	
Rot	Juli – September	50 – 160	
Weiß	Juni – Oktober	50 – 100	
Lila	Juni – Oktober	15 – 30	
Rot	Mai – August	30 – 120	
Gelb	Mai – August	30 – 60	
Gelb	März – Mai	5 – 15	
Gelb	Mai – August	15 – 40	
Lila	Mai – September	30 – 100	
Gelb	April – Juni	10 – 30	
Gelb	Mai – Juli	30 – 60	
Weiß	Mai – September	20 – 40	
Gelb	Mai – Juni	30 – 60	

Eine Auswahl an Strauß- und Rispengräser, Schwingel, Seggen, Trespen

Auf stickstoffärmeren, trockenen Böden siedeln zum Beispiel

Botanischer Name	Deutscher Name	Bemerkung
Agrostis stricta	Schmalrispiges Straußgras	Säurezeiger
Agrostis tennuis	Rotes Straußgras	Säurezeiger
Bromus erectus	Aufrechte Trespe	Kalkzeiger
Carex arenaria	Sand-Segge	Säurezeiger
Festuca cinerea	Blauer Schafschwingel	Kalkzeiger
Festuca palleus	Bleicher Schafschwingel	Kalkzeiger
Festuca tenuifolia	Haarschwingel	Säurezeiger
Festuca varia	Bunter Schwingel	Säurezeiger
Poa angustifolia	Schmalblättriges Rispengras	
Poa bulbosa	Knolliges Rispengras	
Poa compressa	Platthalm-Rispengras	Kalkzeiger
Poa glauca	Blaugrünes Rispengras	Kalkzeiger

Auf stickstoffreicheren, frischen bis feuchten Böden siedeln zum Beispiel

Botanischer Name Name	Deutscher Name
Agrostis gigantea	Riesen-Straußgras
Bromus racemosus	Trauben-Trespe
Festuca gigantea	Riesen-Schwingel
Festuca pratensis	Wiesen-Schwingel
Festuca pumila	Niedriger Schwingel
Poa annua	Einjähriges Rispengras
Poa pratensis	Wiesen-Rispengras
Poa trivialis	Gemeines Rispengras

Bodendecker: Pflegeleichte und dekorative Bepflanzung

Flächenpflanzung

Die Anlegung einer Gartenwiese als Ersatz für den arbeitsintensiven englischen Rasen ist ein wichtiges Element eines pflegeleichten Gartens. Es gibt aber noch eine weitere Möglichkeit, das eigene Grundstück pflegefreundlich und dennoch großzügig und blühend zu begrünen – nämlich durch *flächige Pflanzungen*. Man versteht darunter das Setzen geeigneter Pflanzen, die stark ineinander verwachsen, für den Betrachter nicht mehr als einzelne Gewächse zu erkennen sind, sondern als ein einheitliches, geschlossenes Pflanzenmeer erscheinen.

Zu den für flächige Pflanzungen geeigneten Arten kann man nicht nur die eigentlichen *Bodendecker* zählen, die mit meist nur geringer Wuchshöhe den Boden beschatten und begrünen, sondern auch größere Pflanzenarten gehören dazu, die sich bei Wuchshöhen von 100, 150 cm und noch mehr dicht ineinander verwachsen. Höhere, das Gesichtsfeld des Betrachters überragende Pflanzungen haben unter visuellen, gestalterischen Aspekten allerdings kaum Wert – denn man stünde vor einem nicht übersehbaren Dickicht, könnte den eigenen Garten nicht überschauen. Höherwüchsige Flächendecken haben wohl für die Landschaftsgärtnerei Bedeutung; im üblichen Hausgarten beschränkt man sich besser auf die niedrigeren Arten.

Flächige Pflanzungen bereichern vor allem jenen Hausgarten, in dem Wiese oder Rasen als klassische Bodendecker nicht ausreichend gedeihen oder nur schwer bearbeitet werden können – zum Beispiel auf einer von hohen Bäumen dicht beschatteten Fläche, im dunklen Hof eines hohen Hauses oder auf einem Hanggrundstück, wo die Schräge den Rasenschnitt noch mühsamer macht.

Während die meisten der vorgestellten Wiesenpflanzen vollichte Standorte bevorzugen, gedeiht etwa der bodendeckende Efeu *Hedera helix* auch noch im vollen Schatten.

Flächige Pflanzungen haben viele Vorteile, die die Pflege erleichtern:

- Unerwünschte Wildkräuter kommen auf dem bedeckten Boden kaum auf; im Wettbewerb um Nährstoffe, Licht und Wasser sind sie meist die Verlierer,
- die Erosion des Gartenbodens wird verhindert,
- die Gartenfauna hat einen Lebensraum mit vielen Unterschlupfmöglichkeiten,
- viele Flächendecker bestechen durch Laub- und Blütenpracht.

Flächendeckende Pflanzenarten

Für die Flächenbedeckung eignen sich nur wüchsige, möglichst schnell und lückenlos ineinander wachsende Pflanzenarten, die zudem langlebig sind. Jahr für Jahr den Boden mit den nur kurzlebigen Kräutern zu bepflanzen, diese immer wieder zu ersetzen, macht viel Arbeit. Natürlich bewachsen jene Flächendecker das Areal um so schneller, gedeihen um so prächtiger, deren Ansprüche an Boden, Klima und Licht an dem vorgesehenen Pflanzort gedeckt werden. Die Auswahl geeigneter Arten beginnt denn auch damit, den Standort zu beurteilen. Bodenart, Bodenfeuchtigkeit, Nährstoffangebot und Lichtverhältnisse sind zu berücksichtigen, und danach ist die Pflanzenauswahl zu treffen.

Bevor die Pflanzung erfolgt, sollten alle Wildkräuter entfernt werden. Auch danach muß man noch einige Zeit eingreifen und regelmäßig jäten, damit die noch jungen Flächendecker nicht durch Wasser-, Licht- und Nährstoffkonkurrenz geschwächt und dadurch im Wachstum behindert werden. Vor allem die Wurzel-Unkräuter müssen sorgfältig entfernt werden; im Dickicht der Flächendecker ist es später viel schwieriger, die Pflanzen zu beseitigen. Und ein schnelles Wachstum der gesetzten Flächendecker ist auch aus finanziellen Gründen wünschenswert: Durch Wildkrautkonkurrenz und ungünstige Bodenbedingungen bewirktes spärliches Wachstum kann man im Interesse einer raschen Flächendeckung nur auffangen, indem mehr Jungpflanzen gekauft und gesetzt werden, als dies unter guten Wachstumsbedingungen notwendig wäre.

Pflanzung von Flächendeckern

Wie bei jeder anderen Pflanzung, so wird auch bei den Flächendeckern die sorgfältige Bodenvorbereitung um so wichtiger, je größer die Ansprüche einer Pflanzenart an die Nährstoffversorgung sind. Die Pflanzlöcher werden in einem Durchmesser ausgehoben, der den des Wurzeldurchmessers noch um einiges übertrifft, der Aushub dann zerkleinert und gelockert. Die ausgehobene Erde wird mit einem organischen Dünger vermischt, zum Beispiel mit reifem Kompost oder vollständig verrottetem Rindermist, ein Teil der Mischung dann wieder in die Pflanzgrube gegeben. Beschädigte oder vertrocknete Wurzelteile der jungen Setzlinge vor der Pflanzung abschneiden, die gesunden Wurzeln vorsichtig und sorgfältig im Pflanzloch ausbreiten. Wenn die Pflanzen aufrecht und in der richtigen

Tiefe gesetzt sind, mindestens so tief, wie der Wurzelhals vorher, in der Baumschule, bedeckt war, wird das Pflanzloch mit der Aushub-Mischung verfüllt und diese behutsam angedrückt. Abschließend wässert man ausgiebig, lockert dann nur oberflächlich die durch das Gießen verdichtete Oberschicht des Bodens. Bei Trockenheit auch in den nächsten Wochen regelmäßig und ausreichend wässern.

Wurzeln von Pflanzen, die im Container geliefert werden, braucht man nicht zu beschneiden – die Pflanze wird samt Erdballen in das vorbereitete Pflanzloch eingesenkt. Als Topfpflanzen gelieferte Stau-

Schattengrün *(Pachysandra terminalis)*: Immergrüner Bodendecker

den kann man etwa ab März, wenn der Boden nicht mehr gefroren ist, bis Oktober/November pflanzen; die beste Zeit ist Ende März bis Mitte April oder im September. Gehölze setzt man günstig im Oktober/November, je nach Witterung ist die Frühjahrspflanzung, vor Beginn des Blattaustriebs, in manchen Lagen vorzuziehen. Bei Gehölzen schneidet man in der Regel die Zweige um etwa cin Drittel zurück; dies aber nur im Frühjahr, auch wenn bereits im Herbst gepflanzt wurde. – Die nicht im Container gelieferten Gehölze setzt man bis zur Pflanzung einige Stunden ins Wasserbad.

Bodendeckende Blütenpracht: Dieser Salbei *(Salvia nemorosa)* blüht violett, der Thymian *(Thymus rotundifolia)* rosa

Die angewachsenen, flächendeckenden Pflanzen beanspruchen später nur verhältnismäßig wenig Schnittpflege. Der Scherenschnitt im zeitigen Frühjahr kann sich auf die Beseitigung der alten, letztjährigen Blütenbestände, die Entfernung toter oder beschädigter Triebe und Zweige beschränken. Starkwüchsige, ausufernde, unerwünscht raumgreifende Pflanzen schneidet man stärker zurück, wenn sie über die Grenzen des ihnen zugestandenen Areals hinauswachsen.

Organische Düngung

Organische Düngung ist in ein- bis dreijährigen Abständen hauptsächlich für jene Arten angebracht, die gehaltvollen, nährstoffreichen Boden brauchen. Vollständig zersetzten Kompost oder verrotteten Mist, auch Hornspäne schüttet man zwischen die Pflanzen oder streut breitwürfig aus; die Pflanzen werden anschließend mit dem Gartenschlauch abgesprüht, um so das Substrat auf den Boden zu spülen. Im natürlich bewirtschafteten Garten sorgen Regen und Bodenlebewesen für die Einarbeitung des Düngers in den Wurzelbereich.

Zweifellos kommt dem Gartenbesitzer die Begrünung vor allem großer Areale durch Flächendecker um einiges teurer, als man für die Bodenbedeckung etwa durch die Aussaat von Wiesenpflanzen veranschlagen muß. Für den großen Garten mag es deshalb ratsam sein, zunächst nur einen kleineren Flächenabschnitt mit Stauden oder Gehölzen aus der Baumschule oder der Gärtnerei zu besetzen, etwa bislang nackten Gartenboden zwischen Bäumen und Sträuchern oder solche Rabatten zu bepflanzen, auf denen man zuvor mit dem

Jäten der Wildkräuter viel zu tun hatte. Später lassen sich dann von den angewachsenen Flächendeckern Samen oder Stecklinge gewinnen und für die Vermehrung und Verbreitung auf andere Abschnitte des Grundstücks nutzen.

Auf den folgenden Seiten stellen wir einige ausgewählte, nach ihrem botanischen Namen alphabetisch geordnete Flächendecker vor. Unter *Pflanzen je qm* geben wir die Zahl von Jungpflanzen an, die man in der Regel setzen muß, damit die Fläche in zwei, höchstens drei Vegetationsperioden vollständig bedeckt wird. Unter *Blütezeit* stehen die Zahlen 1 – 12 für die Monate, in denen die Pflanzen blühen. Die Angaben zu Wuchshöhe und Pflanzenbedarf je qm verstehen sich als Durchschnittswerte, die in Abhängigkeit von den Standortbedingungen variieren können.

1. Winterfeste Stauden als Flächendecker

Botanischer Name, Arten z. T. in Sorten	Deutscher Name	Wuchshöhe in cm
Acaena microphylla	Stachelnüßchen	10
Asarum europaeum	Haselwurz	10
Astilbe chinensis	Prachtspiere	40
Cerastium tomentosum	Silberhornkraut	15
Convallaria majalis	Maiglöckchen	20
Cotula squalida	Fiederpolster	5
Epimedium grandiflorum	Elfenblume	30
Galium odoratum	Waldmeister	15
Geranium macrorrhizum	Storchschnabel	30
Iberis sempervirens	Schleifenblume	20
Lamium galeobdolon	Goldnessel	20
Omphalodes verna	Wald-Vergißmeinnicht	10
Pachysandra terminalis	Schattengrün	20
Polygonum affine	Vogelknöterich	25

Standort	Pflanzen je qm	Blüten Farbe u. Zeit		Anmerkung
Sonnig; auf kalkhaltigen, trockenen, auch mageren Sandböden	10 – 12	Rot	6 – 7	
Schatten – Halbschatten, frischer Boden	14 – 16	Braun	3 – 4	
Sonnig – halbschattig; auch auf sandigem Boden	10 – 12	Rosa Lila/Rot	8 – 9	
Sonnig; auf trockenen, auch mageren Böden	14 – 16	Weiß	5 – 7	
Halbschatten auf eher nährstoffreichem Boden	14 – 16	Weiß	5	
Sonne – Halbschatten, sandig-humoser Boden	18 – 20	grün-gelb	6	
Halbschatten auf frischem humosem Boden	12 – 14	Rosa	4 – 5	
Schatten – Halbschatten, frischer, humoser Boden	14 – 16	Weiß	5	
Sonnig – halbschattig; auch auf magerem Boden	10 – 12	Rosa	5 – 6	
Sonne; kalkhaltiger, auch sandiger Boden	12 – 14	Weiß	4 – 7	Immergrün
Schatten – Halbschatten, frischer Boden	8 – 10	Gelb	5 – 6	
Schatten – Halbschatten, frischer, humoser Boden	14 – 16	Blau	4 – 5	
Schatten – Halbschatten, frischer, humoser Boden	10 – 12	Grün	4 – 5	Immergrün
Sonnig – halbschattig humoser Boden	12 – 14	Lila	7 – 9	

Botanischer Name, Arten z. T. in Sorten	Deutscher Name	Wuchshöhe in cm
Salvia nemorosa	Salbei	40
Saxifraga umbrosa	Schatten-Steinbrech	10
Sedum spurium	Teppich-Sedum	15
Tiarella cordifolia	Schaumblüte	20
Thymus rotundifolia	Thymian	5
Vinca minor	Immergrün	15
Waldsteinia ternata	Gold-Erdbeere	10

2. Gehölze als Flächendecker

Botanischer Name, Arten z. T. in Sorten	Deutscher Name	Wuchshöhe in cm
Berberis candidula	Immergrüne Berberitze	60
Berberis thunbergii	Grüne Berberitze	150
Calluna vulgaris in vielen Sorten, z. B.: ›County Wicklow‹, ›Mullion‹, ›Tenuis‹ ›Mairs Variety‹, ›Alba Plena‹	Besenheide	10 – 75

Standort	Pflanzen je qm	Blüten Farbe u. Zeit		Anmerkung
Sonnig; kalkhaltiger Boden	14 – 16	Lila	6 – 7	
Absonnige Lage, auch Halbschatten, frischer Boden	10 – 12	Weiß	5 – 6	
Sonne; auch auf armen, trockenen Böden	10 – 12	Weiß	7 – 8	
Schatten – Halbschatten, humoser Boden	14 – 16	Weiß	4 – 5	
Sonne; gedeiht auch auf trockenen, sandigen Böden	12 – 16	Rosa	6 – 7	
Schatten – Halbschatten, frischer, humoser Boden	14 – 16	Blau	4 – 5	Immergrün
Schatten – Halbschatten, frischer, humoser Boden	14 – 16	Gelb	4 – 6	

Standort	Pflanzen je qm	Blüten Farbe u. Zeit		Anmerkung
Sonnig – schattig; auf nährstoffreichem Boden	5 – 7	Gelb	5	Immergrün
Sonnig – halbschattig; warmer, leicht saurer Boden	2 – 4	Gelb	5	
Sonnig; humoser, kalkfreier Sandboden	8 – 14			
		Rosa	8 – 9	
		Rot	7 – 10	
		Weiß	8 – 10	

Botanischer Name, Arten z. T. in Sorten	Deutscher Name	Wuchshöhe in cm
Chaenomeles japonica	Japan-Scheinquitte	100
Cotoneaster dammeri radicans	Mispelstrauch	10
Cotoneaster praecox	Kriechmispel	60
Erica in vielen Arten und Hunderten von Sorten, zum Beispiel: *Erica carnea* ›Winter Beauty‹ ›Vivelli‹ ›Ruby Glow‹ ›James Backhouse‹ ›Springwood‹	Heide	20 – 50
Erica mediterranea Brightness‹/›Coccinea‹		
Erica cinerea ›Alba‹/ ›*Rosea*‹		
Erica vagans ›Lyonesse‹ ›*Mrs. D. F. Maxwell*‹		
Euonymus fortunei	Pfaffenhütchen	50
Hedera helix	Efeu	15
Hypericum calycinum	Hartheu	40

Standort	Pflanzen je qm	Blüten Farbe u. Zeit		Anmerkung
Sonnig – halbschattig; auf warmem, auch trockenem Boden	3 – 4	Rot	3 – 5	
Sonnig – halbschattig, auch auf eher trockenem Boden	10 – 15	Weiß	5	Immergrün
Sonnig – halbschattig	4 – 6	Rosa	5	
Sonnig – halbschattig; auf sandigen, humosen, auch kalkhaltigen Böden	8 – 14			Immergrün
		Rosa/ Rot	12 – 3	
		Rot/ Rosa	3 – 4	
		Weiß	1 – 3	
		Rot	3 – 5	
		Weiß/ Rot	6 – 7	
		Weiß/ Rosa	8 – 10	
Sonnig – schattig; auf trockenen wie auch feuchten Böden	6 – 10	Grün	6 – 7	Immergrün
Schatten – halbschattig; frischer, humoser Boden	8 – 10	Grün	8 – 10	Immergrün
Sonnig – halbschattig; auf frischem bis feuchtem Boden	8 – 12	Gelb	7 – 10	

Botanischer Name, Arten z. T. in Sorten	Deutscher Name	Wuchshöhe in cm
Hypericum patulum ›Hidcote Gold‹	Hartheu	100
Ligustrum vulgare ›Lodense‹	Kleiner Liguster	70
Lonicera pileata	Immergrüne Heckenkirsche	80
Mahonia aquifolium	Mahonie	80
Potentilla fruticosa ›Arbuscula‹, ›Goldteppich‹	Fünffingerstrauch	60
Pyracantha coccinea ›Soleil d'Or‹	Feuerdorn	80
Rosa nitida	Glanzrose	80
Salix repens argentea	Silber-Kriechweide	70
Spiraea bumalda ›A. Waterer‹, ›Froebelli‹	Spierstrauch	100
Spiraea japonica	Japanspiere	50
Stephanandra incisa ›crispa‹	Kranzspiere	80
Symphoricarpus chenaultii ›Hancock‹	Hancock-Schneebeere	60

Standort	Pflanzen je qm	Blüten Farbe u. Zeit		Anmerkung
Sonnig – halbschattig frischer, reicher Boden	6 – 8	Gelb	7 – 9	
Sonnig – halbschattig; anspruchslos	5 – 8	Weiß	5	
Sonnig – halbschattig; auf frischen und trockenen Böden	6 – 9	Beige	5	Immergrün
Sonnig – halbschattig; feuchter, nährstoffreicher Boden	6 – 10	Gelb	4 – 5	Immergrün
Sonnig; – gedeiht auf eher trockenen wie auch auf frischen bis feuchten Böden	6 – 10	Gelb	5 – 9	
Sonnig – schattig; feuchter, humoser Boden	3 – 6	Weiß	5 – 7	Immergrün
Sonnig – halbschattig; auf frischen wie auf eher trockenem Boden	6 – 8	Rosa	6 – 7	
Sonniger Standort auf sandigen, sogar mageren Böden	6 – 8	Grau	4	
Sonnig – halbschattig; keine besonderen Bodenansprüche	2 – 3	Rot/ Lila	7 – 9	
Sonnig – halbschattig; anspruchslos	3 – 6	Rosa	6 – 7	
Sonnig – halbschattig; frischer, nährstoffreicher Boden	3 – 4	Grün	6	
Anspruchslos; gedeiht in voller Sonne wie auch im Schatten	3 – 4	Rosa	6 – 7	

Robuste Rosenpracht: Rosa glauca (Rotblattrose, links im Bild) und Rosa canina-Hybride (rechts), durch Fingersträucher ergänzt

Wildrosen

Die Rose – schon vor zweieinhalb Jahrtausenden von der bedeutendsten Dichterin der Antike, der griechischen Lyrikerin Sappho aus Mytilene auf Lesbos, als *Königin der Blumen* besungen. Die Rose – im Ablauf der geschichtlichen Epochen als Sinnbild von Liebe und Leidenschaft verstanden, als Zeichen tiefer Zuneigung einem lieben Menschen gereicht, zu allen Zeiten ein mystisches Symbol, eine Blume von besonderer Bedeutung. Die Rose – auch heute für unsere Gärten die Krönung der Flora, der Inbegriff des Schönsten und Höchsten?

Unverständlich, wenn man sieht, welch tristes Bild Kulturrosen im manch einem Hausgarten abgeben. Ärmlich stehen da vereinzelte Pflanzen, kümmerlich blühend, auf mehr als knapp bemessenem Platz allseitig durch sauberste Plattenwege eingefriedet, von Mehltau, Rosenrost oder Blattläusen angegriffen und meist den Kampf verlierend, wenn nicht Pestizide eingesetzt werden – veredelte Rosen, am ungeeigneten Standort auf einen Boden gesetzt, der ihren Ansprüchen nicht genügt, im Winter ungeschützt dem Frost überlassen oder durch falschen Schnitt geschädigt.

Gerade für die Rose, die – wie nur noch wenige andere Pflanzengattungen – in ihrer langen Geschichte intensivste züchterische Bearbeitung erfuhr, bei der durch Einkreuzungen, durch Auslese und vegetative Vermehrung aus den Wildarten jene uns heute bekannten Formen entstanden, gilt die Faustregel:

Je stärker Pflanzen durch einseitige Zuchtziele auf Kosten ihrer Anpassungsfähigkeit und Widerstandskraft degeneriert wurden, um so anfälliger sind sie für Erkrankungen und Schädlingsbefall, gegen Wetterunbilden und ungünstige Bodenverhältnisse – um so intensiver hat der Gärtner mit ihrer Pflege zu tun, muß er für das Gedeihen seiner Kulturpflanze Hilfe leisten.

Es gibt kein einheitliches, allgemeingültiges System für die Einordnung und Klassifizierung unserer Gartenrosen; der Laie hat es nicht ganz leicht, wenn er die Vielfalt der Arten und Sorten durchdringen will. Nach ihrer Wuchsform und nach ihrer Verwendung, sind – mit fließendem Übergang – zu unterscheiden:

Buschrosen mit Teerosen und Teehybriden als Edelrosen; die vielblütigen Beetrosen mit Floribunda- und Polyantharosen und ihren Hybriden; Zwergrosen,

Kletterrosen als einmalblühende (Rank-)Rosen und mehrfachblühende (Klimm-)Rosen,

Stammrosen als auf Stamm veredelte Edel- und Floribundarosen,

Strauchrosen als Park- und Zierstrauchrosen mit ihren alten und neuen Formen,

Wildrosen botanische Rosen und Abkömmlinge.

Wildrosen und botanische Rosen lassen sich in Abgrenzung zu den veredelten Kulturrosen aus Samen ziehen. Ohne sie sind Zucht und Vermehrung der Kulturrosen nicht denkbar, denn sie liefern mit ihrem Wurzelstock die Unterlage für die Veredelungsrosen. Unsere heimische Hundsrose *Rosa canina* und die Vielblütige Rose *Rosa multiflora* haben hier besondere Bedeutung.

Wie Wildrosen mit ihren einfachen fünfstrahligen Blüten mit manchen der in Duft, Form und Farbe prächtigen veredelten Kulturrosen scheinbar nicht konkurrieren können, so sind sie diesen in Vitalität und Widerstandsfähigkeit gegen Unbilden ihres Lebensraumes überlegen. Ihre immense Wüchsigkeit macht sie gerade für den größeren Garten interessant, den sie in Gruppenpflanzungen, als Hecken oder Bodendecker mit Blüten und Früchten schmücken.

Die Anspruchslosigkeit und Robustheit der Wildrosen und ihrer pflegeleichten Abkömmlinge nutzt man seit langem im Landschaftsbau; daß manche Arten, zum Beispiel die Kartoffelrosen der *Rosa rugosa*-Gruppe, zudem noch tolerant gegen Streusalz sind, ist hier ein zusätzlicher Vorteil. So werden Wildrosen gern als Windschutz an Straßenrändern und Eisenbahnlinien gepflanzt und dienen als bodenfestigende Pflanzungen an Böschungen.

Bei der Verwendung von Wildrosen im Garten ist Winterschutz kein Thema mehr; das Abdecken mit Reisig oder das schützende *Umlegen* der Rosen kann man für unsere heimischen frostharten Wildrosen vergessen, und auch viele der von anderen Kontinenten stammenden Pflanzen sind winterhart. Während man sich im Spätherbst vor Einbruch des Winters bei empfindlichen Teehybriden, Floribunda- oder Polyantha-Rosen mit dem Anhäufeln beschäftigen darf, um den unteren Teil der

Rosen vor Frost zu schützen, ist bei den Wildlingen mit der obligaten Mulchschicht genug getan.

Auch bei der Schnittpflege beanspruchen Wildrosen wenig Aufwand; der Schnitt ist, vor allem in den ersten Jahren, nicht unbedingt notwendig. Er kann lediglich in späteren Jahren nützlich werden, wenn man die starkwüchsigen Pflanzen im Zaum halten will.

Hagebutten: Nahrung und Schmuck *(Rosa laxa)*

Das mit Stacheln besetzte Holz und die Belaubung der Pflanzen bieten zahlreichen Tieren geeigenten Unterschlupf; vor dem dichten Gehölz kapitulieren oft sogar Katzen, die ein Vogelnest plündern wollten. Im Frühjahr und Sommer fliegen Insekten die einfachen Wildblüten an; im Winter sind die Hagebutten Nahrung für Vögel – wenn der Gartenbesitzer noch Früchte hängen läßt und nicht alle Hagebutten für Tee und Gelee nutzt, zu Mus oder Hagebuttensuppe verarbeitet. – Ein Vorteil für den Gärtner ist ein ökologischer Nachteil: Viele bei uns nicht heimische Wildrosen, so *Rosa rugosa, Rosa carolina, Rosa multiflora* oder *Rosa virginiana*, weisen eine überaus robuste Blattoberfläche auf; sogar rosenspezifische Schädlinge, ebenso deren natürliche Gegenspieler, werden dadurch gestoppt, ihr Lebenszyklus kann an und in diesen Blättern nicht ablaufen. In der Folge trifft man auf gesunde Wildrosen, deren Blattwerk nicht geschädigt werden konnte, riskiert aber auch, daß rosenspezifischen Tieren die Lebensgrundlage letztlich entzogen wird. Unter ökologischen Aspekten ist deshalb zumindest eine anteilige Bestückung des Gartens auch mit pflegeleichten heimischen Wildrosen ratsam und nicht ausschließlich die Pflanzung der genannten Hartblatt-Rosen zu favorisieren.

Ökologische Aspekte

Die optimalen Wachstumsbedingungen für die heimischen Wildrosen zeigen ihre natürlichen Lebensräume, in denen sie zum Teil noch recht häufig vorkommen: Sie sind Licht- und Halblichtpflanzen, die überwiegend Standorte im vollen Licht bevorzugen, selten auch im Halbschatten anzutreffen sind – lediglich die Feldrose *Rosa arvensis* ist eine ausgesprochene Halbschattenpflanze. Die heimischen Wildrosen und ihre Abkömmlinge stammen aus der mäßig warmen Klimazone; ihre Verbreitung reicht von der Tiefebene bis in die Gebirgslagen. Ein frischer, schwach saurer bis schwach alkalischer Boden ist für die meisten Sträucher günstig; nasse oder häufig austrocknende, saure bis stark saure oder auch kalkreiche Böden eignen sich weniger. Die natürlichen Standorte der Wildrosen liegen oft auf stickstoffärmeren, bei der Feldrose und der Alpen-Hagrose *Rosa pendulina* jedoch auch auf mäßig stickstoffreichen Böden – aufgrund dieser Anspruchsbreite finden heimische Wildrosen auf durchschnittlichen Gartenböden gute Bedingungen; lediglich schwere, häufig nasse Böden sollten vor der Pflanzung aufgearbeitet werden.

Anspruchsbreite heimischer Wildrosen

Wie dies auch für andere Laubgehölze gilt, setzt man Jungrosen vorteilhaft mit Beginn der Vegetationsruhe im Herbst, etwa von Mitte Oktober bis Mitte November. Die Pflanzung im Frühjahr ist auch möglich, muß aber vor dem Blattaustrieb erfolgen. Im Pflanzcontainer gelieferte Jungpflanzen kann man dagegen auch im Sommerhalbjahr setzten. Damit sich die Wurzeln vollsaugen können, werden die Rosen vor der Pflanzung in ein Wasserbad getaucht. Beschädigte und auf dem Transport ausgetrocknete Wurzelteile schneidet man bis auf das gesunde, frische und saftige Gewebe zurück. Das ausgehobene

Pflanzloch darf nicht die Wurzeln beengen, es sollte vor allem bei sehr mageren Böden in seiner Breite den Durchmesser des Wurzelwerks um mindestens einen Viertelmeter übertreffen. Vor allem bei armen Böden verbessert man zweckmäßig die ausgehobene, gelockerte, zerkleinerte Erde mit Hornspänen und etwas Kompost als Depotdünger. Die angereichterte Mischung wird zu einem Teil in die Pflanzgrube eingebracht, die Rose hineingesetzt, das Loch dann verfüllt und die Erde vorsichtig angedrückt. Abschließend ausreichend wässern.

Viele der pflegeleichten, robusten Rosen eignen sich gut als Solitärsträucher, aber auch Gruppenpflanzungen mit drei oder fünf Sträuchern haben ihren Reiz – den großwüchsigen Arten sollte man dabei mindestens einen Pflanzenabstand von zwei Metern zubilligen. Für den Aufbau dichter Hecken und bei den kleinwüchsigen Arten genügen Abstände von einem Meter und weniger.

Im folgenden stellen wir dic wichtigsten der wenig Pflege beanspruchenden Rosen vor:

Rosa agrestis heißt die bis zu zwei Meter hohe heimische *Ackerrose*, die in den Alpen und im Mittelgebirge noch recht verbreitet ist, in Nord- und Ostdeutschland dagegen nur vereinzelt auftritt. In zahlreichen Formen bringt die Ackerrose auf höchstens zwei Zentimeter langen Stielen kleine, blaßrosa bis weiß gefärbte Blüten hervor; die nach der Blüte zunächst zurückgeschlagenen Kelchblätter fallen später ab. Blütezeit Juni.

Rosa arvensis

Halbschatten

ist die *Feldrose*, auch *Kriechende Rose* genannt. Aus ihren einzelnen weißen, bis zu fünf Zentimeter großen Blüten entwikkeln sich kugel- bis länglich-eiförmige, verhältnismäßig vitaminarme Hagebutten. Niederliegende oder kletternde Verzweigungen bis zu zwei Metern Wuchshöhe. Blütezeit Juni und Juli. Die Feldrose ist häufig anzutreffen in Hecken und an Laub- und Mischwäldern in Süd- und Südwestdeutschland, sie findet sich seltener im Norden.

Rosa canina

Die schon erwähnte, formenreiche *Hundsrose* ist bei uns an Waldrändern und in Gebüschen noch weit verbreitet. Sie erreicht eine Wuchshöhe von gut 150 cm bis knapp drei Meter. Die hellrosa-farbenen bis blaßroten Blüten erscheinen in mehrblütigen Doldenrispen im Juni. Die gefiederten Blätter tragen fünf bis sieben kahle, eiförmige, scharf gesägte Einzelblättchen. Als robuste Unterlage hat die Hundsrose große Bedeutung für die Veredelung der Kulturrosen, so als Rosa canina *Inermis* mit besonderer Eignung für das rauhe Seeklima oder als Rosa canina *Pfänder*, die sich für niedrige Rosen sehr gut eignet.

Rosa carolina

ist die *Wiesenrose* aus Nordamerika. Ihre ungefüllten rosafarbenen Blüten erscheinen ab Juni. Die Rose überschreitet kaum eine Wuchshöhe von einem Meter; sie zeichnet sich durch eine besonders starke Blattoberfläche aus, was ihr Blattwerk gegen Schädlingsangriffe widerstandsfähig macht.

Rosa corymbifera

ist die *Heckenrose*, deren deutscher Name bisweilen auch für Rosa canina benutzt wird. Die heimische, in Gebüschen und Hecken weit verbreitete Rose zeigt flaumig behaarte Blattstiele; ihre Fiederblättchen sind auf der Unterseite oft wenig, zumindest aber auf den Adern, behaart. Blütengrundton rosa; Blütezeit Juni.

Rosa foetida

heißt die *Fuchsrose*, die aus Asien nach Europa kam. In der Wildform gelbblütig, entstanden viele gelbe Kulturrosen durch Einkreuzung aus ihrer Stammlinie. Mit den einfachen gelben Blüten ist sie ein reizvoller Kontrast zu den vielen rot-weiß blühenden Wildrosen; Blütezeit Juni. Mit höchstens 150 cm Wuchshöhe bleibt sie recht niedrig.

Fuchsrose
(Rosa foetida)

Rosa gallica Manchmal findet man verwilderte *Essigrosen* auf trockenen Wiesen oder in lichten Laubwäldern. Im Gegensatz zu unseren heimischen Wildrosen siedeln sie sich vorwiegend auf Kalkböden an. Die Essigrose trägt sowohl gerade, schwache als auch zum Teil kräftige, gekrümmte Stacheln; die derben Fiederblätter sind in meistens fünf, oft fast kreisrunde, auf die Unterseite weißliche Einzelblättchen geteilt. Die einzelnen, großen, roten bis purpurfarbenen Blüten erscheinen im Juni und Juli. Mit höchstens einem Meter Wuchshöhe bleiben wilde Essigrosen recht klein. – Rosa gallica ist im mediterranen Raum heimisch; schon in der Antike kultiviert, ist sie die Stammpflanze vieler moderner Rosengruppen. Von ihren zahlreichen Sorten sei die *Apothekerrose R. gallica officinalis* mit ihren fast zehn Zentimeter großen Blüten erwähnt, die als Duft- und Heilpflanze Bedeutung erlangte.

Rosa glauca auch *Rosa rubrifolia* genannt, ist die *Rotblättrige Rose.* Wild vor allem im Gebirgs- und Vorgebirgsland vorkommend, in den Alpen und der Schwäbischen Alb, ist sie als Gartenpflanze auch im Norden häufig vertreten. Sie fällt durch ihre rötlichen, auch bläulich bereiften Stengel und Fiederblättern mit meistens sieben Einzelblättchen auf. Aus den im Juni und Juli gebildeten kleinen, roten Blüten entwickeln sich dunkelrote, kugelförmige Hagebutten. Wuchshöhe bis drei Meter.

Rosa hugonis heißt die *Chinesische Goldrose* aus Asien. Breitwüchsige, gut zweieinhalb Meter hoch wachsende Pflanze mit einfachen blaßgelben Blüten, die meist ab Mai, im warmen Frühjahr sogar schon Ende April erscheinen; kleine dunkelrote, fast schon schwarze Hagebutten.

Rosa moyesii Die *Mandarinrose* ist in China heimisch. Mit ihrem dichten, fast drei Meter Höhe erreichenden Wuchs und den zahlreichen roten, kontrastreich mit goldgelben Staubblättern besetzten Blüten eignet sie sich gut als Solitärstrauch. Große, flaschenförmige, leuchtend rote Hagebutten. Blüte ab Juni. In vielen Hybridformen erhältlich.

Rosa multiflora Die *Vielblütige Rose* stammt ebenfalls aus Asien. Der kletternde Strauch wird gut drei Meter breit und ebenso hoch. Ab Juni erscheinen die zahlreichen weißen, duftenden Blüten in Doldenrispen, aus denen sich die roten, nicht einmal kirschgroßen Früchte entwickeln. Winterharter Ahn vieler Kulturrosen; als Solitärstrauch ebenso tauglich wie als beschattete Heckenpflanze.

Rosa nitida ist die kleine, kaum einen Meter erreichende, schattenverträgliche *Glanzrose* aus dem östlichen Nordamerika. Die glänzenden, zierlichen Blätter verfärben sich im Herbst leuchtend orange-rötlich. Im Juni und Juli mit rosafarbenen, einfachen Blüten, die denen der Hundsrose ähnlich sind. Im Herbst mit kleinen roten Hagebutten. Bildet zahlreiche starke Ausläufer; besonders geeignet zur Bodenbefestigung.

Rosa pendulina heißt die *Alpen-Hagrose* mit natürlicher Verbreitung in den Alpenwäldern und im Alpenvorland. Meist keine, manchmal aber einzelne gerade, schwache Stacheln.

Mandarinrose
(Rosa moyesii)

Vielblütige Rose
(Rosa multiflora)

Apothekerrose
(Rosa gallica officinalis)

Chinesische Goldrose
(Rosa hugonis)

Fiederblätter mit sieben bis elf, oberseits glatten, mattgrünen, scharf doppelt gesägten Einzelblättchen, auf der Unterseite zerstreut behaart. Die einzelnen, dunkelroten Blüten erscheinen zwischen Mai und Juli. Flaschenförmige, hellrote Hagebutten. Wuchshöhe zwischen einem Viertelmeter und drei Metern. Wird manchmal auch *Rosa alpina L.* genannt.

Rosa pomifera, die *Apfelrose*, wird auch *Rosa villosa L. p. p.* genannt. In Hecken und an Gesteinshängen der Alpen auch wild auftretend, ist sie vor allem als Gartenrose zu finden. Meist kräftig rote, im Durchmesser rund sieben Zentimeter messende Blüten im Juni und Juli; kugelige, rote, im Vergleich zur Hundsrose vitaminarme Hagebutten. Wuchshöhe ein bis zwei Meter.

Rosa rubiginosa ist die formenreiche *Weinrose,* auch als *Rosa eglanteria L.* benannt. In Europa heimisch, ist sie in ganz Deutschland verbreitet, lediglich im Nordwesten seltener. Rosafarbene Blüten im Juni und Juli. Als gut zwei Meter hoch wachsender, gedrungener Strauch guter Heckenbildner. Den deutschen Namen erhielt sie nach dem Geruch ihrer Blätter, der an Wein erinnert.

Rosa rugosa heißt die sehr formenreiche Gruppe der *Kartoffelrosen* aus Ostasien. Große, im Durchmesser bis zu acht Zentimeter messende, rosarote, bei den Hybriden auch weiße und gelbe Blüten; Blütezeit beginnt im Juni und geht bis in den Oktober hinein. Große, kugelig-ovale, Vitamin-C-reiche Hagebutten. Die extrem robuste

Rose bevorzugt eher schwach saure Böden. Glänzende, eiförmige Einzelblättchen. Bis zwei Meter hoch wachsend; gut geeignet für Hecken- und Gruppenpflanzungen.

Rosa spinosissima ist die *Stachelige Rose*, auch als *Rosa pimpinellifolia L.* bekannt. Häufig wild an der Nordseeküste und auf den Inseln, sonst eher selten. Weiße, manchmal auch rosafarbene Blüten im Mai und Juni; kleine, fast schwarze Hagebutten. Dichtwüchsig, dabei kaum einen halben Meter Höhe erreichend.

Rosa virginiana ist die *Virginiarose* aus dem östlichen Nordamerika. Widerstandsfähiges Laubwerk mit starker Blattoberfläche, das sich im Herbst rötlich verfärbt. Einfache, rosafarbene Blüten im Juni und Juli; maximale Wuchshöhe etwa 150 cm.

Hainbuchenhecke: Sicht- und Windschutz in der Sitzecke

Hecken

Hecken sind reihenförmige Pflanzungen, die als *Schnitthekken* meist aus nur einer Pflanzenart bestehen; bei der freiwachsenden – hier kürzer *Naturhecke* genannt – setzen sie sich auch aus mehreren Arten zusammen. In der Hecke verwachsen die einzelnen Pflanzen ineinander und sind kaum noch als einzelne Individuen zu erkennen.

Hohe Hecken begrenzen den Garten, schirmen ihn gegen das Umfeld ab, verhindern den Einblick in die private Sphäre, schützen eine Sitzecke im Garten vor den neugierigen Blicken – die Anlegung einer Hecke lohnt sich in jedem Garten. Auch niedrige, überschaubare Hecken mit Wuchshöhen von kaum mehr als einem Meter gliedern den Gartenraum und sind dekorativ, vor allem, wenn sie aus reich blühenden Pflanzenarten und -sorten erstellt werden.

Aber Hecken bringen nicht nur bei der Gestaltung des Gartens Vorteile; sie sind nicht nur schön, nicht nur Sichtschutz, schützen nicht nur das Gartenland vor der Erosion durch den Wind, die Sitzecke vor anwehendem Straßenstaub, sie sind mit einer dichten Belaubung nicht nur ein willkommener Lärmschutz, sondern sie sind auch Lebensraum für die Gartenfauna. Sie sind Nahrungsreservoir und Brutplatz für Vögel, bieten Insekten Nahrung, wenn sie als Naturhecken zur Blüte kommen, sind Bienenweide, beherbergen Igel und Lurche. Sie fangen windtransportierte Samen ab und hintertreiben damit die Ansiedlung von Wildkräutern im Garten, schützen im Winter vor Schneewehen und bringen als Naturhecken sogar reiche Wildfruchternten, wenn man die Pflanzenarten für die Anlegung unter diesem Aspekt auswählt, etwa Holunder (Fliederbeeren), Wildrosen (Hagebutten) oder Haselsträucher (Nüsse) setzt.

Ein Spezialfall der Heckenkultur sind die *Wallhecken*, die *Knicks*, die vor allem in Nord- und Ostdeutschland einst große Bedeutung in der Landwirtschaft hatten, im Zuge der Technisierung der Agrikultur aber später der rationellen Bewirtschaftung der Agrarflächen hinderlich schienen und häufig gerodet und abgetragen wurden. Daß es in Großbritannien uralte Knickbestände gibt, wird als Indiz dafür gewertet, daß Wallhecken schon von den Angeln für den Schutz ihrer Felder kultiviert wurden, als diese im fünften nachchristlichen Jahrhundert Britannien besiedelten; zumindest jedoch veranlaßte Friedrich II. von Preußen im Zuge der Trockenlegung der Oder-, Warthe- und Netzebrüche ab 1760 die Pflanzung erster Wallhecken. Das bei der Aushebung von Entwässerungsgräben gewonnene Erdreich wurde an der Feldgrenze aufgeschichtet und mit standortheimischen Gewächsen bepflanzt; auch in Schleswig-Holstein trifft man noch auf Dutzende von Knickarten, die durch verschiedene Pflanzengesellschaften charakterisiert sind. In seiner gut zweihundertjährigen Geschichte ist der Knick zu einem wichtigen Lebensraum für Flora und Fauna geworden – um so größer ist nun der ökologische Schaden, der mit der Entfernung der Wallhecken entsteht. Wenn auf dem eigenen Grundstück scheinbar nicht zu verwertende Erde anfällt, zum Beispiel beim Fundamentaushub für einen Neubau oder beim Aushub eines Gartenteichs, kann man den Boden für die Anlegung einer Wallhecke nutzen. Zur Information über Aufbau und Bepflanzung der Knicks empfiehlt sich zum Beispiel das Buch ›Fruchttragende Hecken‹ von Scheerer/Dapper (siehe Literaturverzeichnis).

Für die Umgrenzung kleinerer Gärten bietet sich die Pflanzung von Schnitthecken an, die weniger Platz als Naturhecken brauchen und sich in Höhe, Breite und Form nach den Vorstellungen des Gartenbesitzers schneiden lassen. Der Heckenschnitt wird ein- bis zweimal jährlich vorgenommen. Die Hecke sollte nach oben schmaler werden, um eine Verkahlung der unteren Region zu verhindern. Im Durchschnitt beanspruchen niedrige, gut einen Meter hohe Schnitthecken bei einreihiger Pflanzung etwa bis zu 60 cm

Breite, höherwüchsige sind in der Regel bei 75 bis 100 cm Breite zu halten. Pflanzt man in zwei oder gar drei Reihen, vergrößert sich natürlich der Platzbedarf entsprechend, andererseits wird die Hecke schnell dicht. Bei niederen Hekken, die kaum einen Meter Höhe überschreiten sollen, ist in der Regel ein Pflanzabstand von etwa 15 bis 20 cm in der Reihe angebracht; bei höherwüchsigen Hecken wird man drei bis vier Pflanzen je Meter setzen. Problemlos zu formen und deshalb häufig für die Anlegung von Schnitthecken genutzt werden zum Beispiel als Laubgehölze die Hainbuche *Carpinus betulus*, der Feldahorn *Acer campestre* oder die immergrüne Stechpalme *Ilex aquifolium* aus der Palette der Nadelhölzer werden der Lebensbaum *Thuja occidentalis* oder die Eibe *Taxus baccata* gern gepflanzt.

Mit dem Schnitt der Formhecken hat man ein- oder zweimal im Jahr reichlich zu tun. Unter diesem Aspekt wird man sie im pflegeleichten Garten nur bevorzugen, wenn aus Platzgründen die Anlegung einer freiwachsenden Hecke nicht möglich ist – Naturhecken werden weitaus breiter. Im Durchschnitt muß man ihnen einen Landstreifen von mindestens drei bis fünf Metern Breite opfern. Durch ihre Blüten und den Fruchtertrag sind sie letztlich ökologisch wertvoller als die akribisch geformten Schnitthecken, die man als Überbleibsel der französischen Gartenmode des Barocks verstehen darf, wo man im Interesse einer ästhetischen Formgebung Pflanzen vergewaltigte.

Weil in Naturhecken die Pflanzen nicht gestutzt werden, verkahlen sie unten leicht. Will man den Garten durch eine freiwachsende Hecke vollständig abschirmen, sollte man vor die Gehölze an den Rand der Naturhecke niedrige Halbsträucher wie zum Beispiel Brombeer- oder Himbeerpflanzen setzen. Zudem empfiehlt es sich, die Heckengehölze in zwei oder drei gegeneinander verschobenen Reihen mit Abständen von rund einem Meter zu pflanzen. Für das Setzen der aus der Baumschule oder Gärtnerei bezogenen Pflanzen und die Aufbereitung der Pflanzstellen gilt, was wir bereits im Abschnitt ›Wildrosen‹ beschrieben haben. Später beschränkt sich die Pflege der ausgewachsenen

Blütenhecke: Schneespiere *Spiraea arguta*

Naturhecke auf gelegentliche Verjüngungs- oder Auslichtungsschnitte in mehrjährigen Abständen.

Wir möchten nun einige ausgewählte Wildgehölze vorstellen, die sich gut für die Anlegung einer freiwachsenden bunten, artengemischten Hecke eignen und zudem durch schöne Blüten oder nützliche Früchte eine Zierde im Garten sind:

Eberesche *(Sorbus aucuparia var. edulis)* gedeiht auf feuchten wie auch auf eher trockenen und etwas sauren Böden. In der Hecke Wuchshöhe selten über fünf Meter. Weiße Blüten in Doldenrispen im Mai und Juni, orangerote Früchte (›Vogelbeeren‹) im Herbst.

Haselstrauch *(Corylus avellana)* gedeiht bevorzugt im Halbschatten auf fast jedem Boden. Blüht von Februar bis April; die Haselnüsse sind ab September/Oktober erntereif.

Holunder (Sambucus): Der Schwarze Holunder *(Sambucus nigra)*, auch Wilder Flieder genannt, gedeiht an lichten Plätzen auf frischen, stickstoffreichen Böden. Aus den weißen, in Trugdolden angeordneten, im Juni und Juli erscheinenden Blüten entwickeln sich die fast schwarzen Fliederbeeren, die roh zwar schwach giftig sind, gekocht aber zu gehaltvollem Saft oder Gelee verarbeitet werden. Der wilde Flieder überschreitet selten vier Meter Wuchshöhe, wird vereinzelt aber auch zehn Meter hoch. Auch die orangeorten Früchte des Traubenholunders *(Sambucus racemosa)* kann man gekocht verwerten. Der Traubenholunder wächst bis zu vier Meter hoch, treibt im April und Mai gelbe Blütenrispen. Er bevorzugt Halbschatten auf frischen, mäßig sauren, nährstoffreichen Böden.

Holzapfel *(Malus sylvestris)*, auch Wilder Apfelbaum genannt, wird gut acht Meter hoch und bringt im April und Mai weiße, rötlich überhauchte Blüten mit gelben Staubgefäßen hervor. Die kleinen grüngelben, herben Äpfel kann man im Spätherbst und Winter pflücken und zu Kompott, Marmelade oder Gelee verarbeiten. Holzapfelbäume bevorzugen lichte Plätze auf frischen, neutralen, mäßig nährstoffreichen Böden.

Hornstrauch *(Cornus sanguinea)*, auch als Roter Hartriegel bezeichnet, wird drei bis fünf Meter hoch. Im Mai und Juni weiße Blüten in Trugdolden. Die Blätter färben sich im Herbst leuchtend rot. Gedeiht bestens im Heckenhalblicht auf kalkhaltigen Böden.

Kornelkirsche *(Cornuns mas)* gedeiht auch noch im Halbschatten auf kalkhaltigen, nährstoffarmen Böden. Gelbe Blütendolden schon ab März vor der Belaubung. Rote, länglich-ovale Beeren im Herbst. Wuchshöhe meistens etwa drei, seltener auch bis zu sechs Meter.

Pfaffenhütchen *(Euonymus europaea)* wächst auch noch im Halbschatten auf frischen, kalkhaltigen, mäßig nährstoffreichen Böden. Wuchshöhe zwei bis drei Meter. Unscheinbare Blüten im Mai; Samen im Oktober/November mit charakteristischen rotorangegelben Samenmänteln.

Sanddorn *(Hippophae rhamnoides)* wird bis zu vier Meter hoch. Die zweihäusige Art bildet zwischen März und Mai unscheinbare Blüten; die orangefarbenen, erbsengroßen Früchte sind im Oktober/November erntereif und können zu Fruchtsaft oder Marmelade verarbeitet werden – mit den Hagebutten einiger Wildrosen gehören die Sanddornfrüchte zu den Vitamin-C-reichsten Wildfrüchten und überbieten dabei Zitrusfrüchte bei weitem. Sanddorn bevorzugt vollsonnige Standorte auf frischen bis trockenen, nährstoffarmen, kalkhaltigen Böden.

Sauerdorn *(Berberis vulgaris)* bevorzugt frische bis trockene, nährstoffarme und kalkhaltige Böden. Wuchshöhe ein bis zweieinhalb Meter. Gelbe Blütentrauben im Mai und Juni, aus denen sich scharlachrote, längliche Beeren entwickeln.

Schlehdorn *(Prunus spinosa)* stellt keine besonderen Ansprüche an den Boden, bevorzugt aber halblichte Standorte. Der dornige Strauch wächst bis zu zwei bis drei Meter hoch. Weiße, einzelne Blüten von März bis Mai. Die fast schwarzen, bläulich bereiften, extrem sauren Beeren erntet man im Spätherbst oder Winter nach den ersten Frösten und verarbeitet sie zu Marmelande, Saft, Likör oder Schlehenwein.

Schneeball Der Gemeine Schneeball *(Viburnum opulus)* wird bis zu vier Meter hoch und gedeiht auch noch im Halbschatten auf neutralen, mäßig nährstoffreichen Böden. Der Wollige Schneeball *(Viburnum lantana)* überschreitet kaum zwei Meter Wuchshöhe und bevorzugt halblichte Plätze auf frischen bis trockenen, kalkhaltigen, mäßig nährstoffreichen Böden. Aus den weißen, zwischen Mai und Juli treibenden Blüten des Gemeinen Schneeballs entwickeln sich im Herbst rote Beeren, die Früchte des überwiegend im Mai blühenden Wolligen Schneeballs sind dagegen schwarz.

Weißdorn der Eingrifflige Weißdorn *(Crataegus monogyna)* wächst bis zu acht Meter hoch. Weiße, starkriechende Blüten im Mai und Juni. Bevorzugt halblichte Standorte auf frischen bis trockenen, nährstoffarmen, kalkhaltigen Böden. Der Zweigrifflige Weißdorn *(Crataegus laevigata)* kann zwölf Meter Wuchshöhe erreichen und gedeiht im Halbschatten auf frischen, etwa neutralen Böden. Weiße Blüten im Mai und Juni; feuerrote Herbstfrüchte.

Wildbirne *(Pyrus communis)* erreicht manchmal Wuchshöhen von zwanzig Metern, bleibt meistens aber bei sechs bis acht Metern. Weiße Blütenblätter mit roten Staubblättern im April und Mai. Die grüngelben, oft rötlich überzogenen, kleinen Birnen sind auch roh eßbar, eignen sich wegen des säuerlichen Geschmacks jedoch besser für die Verarbeitung zu Marmelade. Wildbirnenbäume bevorzugen Halbschatten auf kalkigen Böden.

Wildrosen *(Rosa spec.)* eignen sich zum Teil bestens für die Heckenpflanzung und wurden bereits im vorhergehenden Kapitel angeführt.

Kornelkirsche: Früchte im August

Links: Freiwachsende Hecke: Herbstfärbung

Blühende und winterharte Stauden

Unter den winterharten *Stauden* versteht man im Gartenbau krautige, aber mehrjährige Pflanzen, deren Blätter und Stengel den Winter meist nicht – einige wintergrüne Pflanzen ausgenommen – überdauern, die jedoch im Frühjahr von neuem austreiben. Den langlebigen Stauden stehen die nur kurzlebigen Blumen gegenüber: Als *Sommerflor* werden die *Einjahresblumen* zusammengefaßt, die im Jahr der Saat zur Entfaltung und Blüte kommen und in unserem Klima spätestens im Winter sterben. *Zweijahresblumen* dagegen, auch *Halbstauden* genannt, überstehen den Winter und gelangen im folgenden Frühjahr und Sommer zur Blüte, nachdem sie im Sommer zuvor ausgesät worden waren. Zu den Zweijährigen kann man auch jene Pflanzen zählen, die eigentlich mehrjährig leben, im Garten aber wegen der später schwindenden Blühwilligkeit schon nach ihrem ersten Blütensommer entfernt werden – fließender Übergang in der Begriffsbestimmung.

Nicht allein die Ein- und Zweijahresblumen schmücken mit Farbe, Form und Duft ihrer Blüten den Hausgarten, sondern auch und gerade das breite Sortiment der blühenden Gartenstauden macht den Hausgarten reicher. Auch sie sind *Blumen* – ›Blume‹ ist ein ökologischer Begriff, der nur umständlich definiert werden kann: Eine Blume ist diejenige Einheit von Blüten, die dem Bestäuber als solche erscheint. Eine Blume kann also aus vielen Einzelblüten bestehen – Beispiel Sonnenblume – oder auch nur eine einzige Blüte sein wie etwa bei der Rose.

Einjährige Blumen werden Jahr für Jahr von neuem ausgesät. Jedes Gartenjahr beginnt wieder damit, vor der Saat

Bechermalven *(Lavatera trimestris)*

den Boden aufzubereiten, die Erde zu lockern und zu krümeln, das von Vögeln gern gefressene Saatgut gegebenenfalls mit Netzen zu schützen und vor allem den richtigen Saattermin zu finden, denn viele sonnen- und wärmeliebenden Einjährigen vertragen späte Nachtfröste nicht. Einige Arten, so *Feuersalbei*, *Verbene* oder *Zinnie*, müssen zudem im Zimmer oder im Gewächshaus vorkultiviert oder beim Gärtner gekauft werden, bevor sie Ende Mai ins Freiland gepflanzt werden. Auch einige zweijährige, zum Beispiel *Stiefmütterchen*, werden vom Gärtner vorgezogen und dann in den Hausgarten gepflanzt. Diese Pflanzen muß man später wieder entfernen, wenn ihre Blütezeit vorbei und ihre Lebenszeit abgelaufen ist. Manche der im Hausgarten häufig gezogenen *Blumen aus Zwiebeln und Knollen* – die man als vierte Gruppe den Ein-, Zweijährigen und Stauden gegenüberstellen kann – bedürfen des Winterschutzes; so muß man zum Beispiel die Knollen der *Begonien* im Keller überwintern, und auch *Dahlien*, *Freesien* oder *Gladiolen* müssen geschützt werden – sie sind nicht winterfest.

Die Mühen der alljährlichen Aussaat oder die Arbeit des Ausgrabens frostempfindlicher Zwiebeln und Knollen erspart man sich hingegen mit der Kultur prächtig blühender Stauden. Sie sind die mehrjährigen Glanzpunkte bei der Gestaltung eines Ziergartens; mit zahlreichen Blütenfarben und -formen, wüchsig, sind zum Teil stark ausbreitend, sollten sie gerade im großen Garten ein Blumenmeer schaffen, das man nach eigenen Vorstellungen mit anderen Blumen, Sträuchern und Bäumen ergänzen mag. Im Gegensatz zu sonnenhungrigen ein- und zweijährigen Blumen bevorzugen viele Stauden den Halbschatten oder gedeihen sogar noch bestens auf vollschattigen Standorten.

Stauden werden meistens durch Stengel-, Wurzel- oder Rhizom-Schnittlinge wie auch durch Rosetten- und Blattstecklinge vermehrt. Die meist im Topf oder Container beim Gärtner erstandenen Stauden pflanzt man im März und April oder im Herbst. Zuvor putzt man die Pflanzen aus, schneidet also beschädigte oder verwelkte Staudentriebe weg. Der Aushub aus den großzügig bemessenen Pflanzlöchern wird sorgfältig zerkleinert und je nach den Ansprüchen der Staudenart verbessert. Den meisten Stauden hilft man mit der Einarbeitung von vollständig verrottetem Kompost, der mit dem ausgehobenen Oberboden für die Verfüllung vermengt wird; für die Kultur magere, trockene Böden bevorzugender Arten kann es auf schwereren Böden ratsam sein, den Aushub mit sandigem Boden zu verdünnen. Staudenrhizome breitet man horizontal in der ausreichend breiten Pflanzgrube aus. Das Loch wird dann mit dem angereicherten Aushub verfüllt; zum Abschluß wässert man durchdringend. Auch in der ersten Zeit nach der Pflanzung sorgt man, insbesondere bei den feuchte Böden bevorzugenden Arten und während Trockenperioden, regelmäßig für ausreichende Wässerung.

Kleinwüchsige Stauden erfordern Pflanzabstände von etwa 20 Zentimetern, mittlere brauchen 40 – 60 und bei den großen Arten genügen etwa 80 Zentimeter, wenn man sie nicht sogar solitär pflanzt.

Wir haben bereits im Abschnitt ›Flächenpflanzung‹ verschiedene Stauden erwähnt, die sich für flächige Pflanzungen besonders eignen. Aber auch viele Beetstauden sind recht wüchsig und ausladend; lediglich im Jahr der Pflanzung läßt die Besiedelung der Pflanzflächen oft noch zu wünschen übrig. Im ersten Jahr sollte deshalb besonders sorgfältig gemulcht oder häufig gejätet werden, damit die jungen Stauden nicht durch die Konkurrenz von Wildkräutern in ihrer Entwicklung beeinträchtigt werden. Eine Mulchschicht erübrigt sich auch später, wenn die Stauden bereits kräftig gediehen sind, unnützes Gießen; mit einer feuchtigkeitshaltenden Mulchdecke belegt, müssen die Stauden in der Regel nur während längerer Trockenperioden gewässert werden. Ständig feuchte, gar nasse Böden erfordernde Arten, wie zum Beispiel unsere Sumpfschwertlilie *Iris pseudacorus*, verlangen ohnehin sumpfige Plätze, zum Beispiel am Gartenteich. – Auch im Winter ist eine Mulchschicht aus Kompostmaterial sinnvoll; eventuell durch Nadelholzreisig ergänzt, schirmt sie Rhizome und Wurzeln gegen die Winterkälte ab.

Oben: Türkenmohn *(Papaver orientale)*

Unten: Großes Windröschen *(Anemone sylvestris)*

Im Herbst, manche Arten auch schon nach der Blüte im Spätsommer, ziehen die Stauden ein; ihr Blattwerk welkt, biegt sich oder knickt schließlich ab. Diesen organischen Abfall schneidet man im Herbst, im Winter oder auch erst im folgenden Frühjahr ab und nutzt ihn für die Kompostierung. Der Frühjahrsschnitt, vor der Austriebszeit, begünstigt die an und in Blättern und Stengeln überwinternden Kleintiere und ist deshalb unter ökologischen Gesichtspunkten zu bevorzugen. – Bei manchen Arten, so beim Rittersporn, fördert der sofortige Rückschnitt nach der ersten Blüte im Fruhjahr oder Frühsommer eine zweite Blüte im Herbst. Unerwünscht stark ausufernde Stauden lassen sich im Zaum halten, wenn man sie nach dem Frühjahrsaustrieb dicht über der Erde schneidet.

Besonders für die nährstoffreichen Boden benötigenden Arten ist eine jährliche Düngung mit reifem Kompost angezeigt. Schichten von nur wenigen Zentimetern Stärke, um die Stauden gestreut und oberflächlich leicht in den Boden eingeharkt, reichen für die Nährstoffversorgung aus. Der Boden wird dann nicht ausgezehrt; die Stauden gedeihen über Jahre an demselben Pflanzort ohne jede Mangelerscheinung.

Vermehren und Verjüngen der Stauden erfolgt durch Rhizom- und Wurzelteilung. Dazu wird der Staudenstock im Boden vorsichtig freigelegt und mit dem Spaten geteilt; aus den Triebknospen heraus treibt ein Teilstück am neuen Pflanzort aus und entfaltet Blüten und Blätter. Aber nicht alle Stauden schätzen die Verjüngung; Christ- und Pfingstrosen, Taglilien und Leberblümchen zum Beispiel läßt man besser sich über Jahre ungestört entwickeln.

Mit der folgenden Tabelle stellen wir eine kleine Auswahl von Stauden vor, die sich für die Gartenkultur eignen. Wir können im Rahmen dieses Taschenbuchs nur auf die wichtigsten Merkmale einzelner Arten wie Wuchshöhe, Blütezeit, häufige Blütenfarben und Standortansprüche eingehen; über die Charakteristika und Ansprüche der unendlich zahlreichen Sorten informieren gern die Stauden-Gärtnereien.

Eine Auswahl blühender, winterharte Stauden

Deutscher Name	Gattung	Wichtige Arten; z. T. in zahlreichen Sorten	Höhe in cm bis
Adonisröschen	Adonis	*A. amurensis*	30
		A. vernalis	30
Akelei	Aquilegia	*A. caerulea*	80
Anemone	Anemone	*A. nemorosa* (Buschwindröschen)	15
		A. sylvestris (Waldanemone)	40
		A. pulsatilla (Küchenschelle)	30
Aster	Aster	*A. amellus* (Sommeraster)	60
		A. dumosus (Sommeraster)	50
		A. novae-angliae (Herbstaster)	150
		A. novi-belgii (Herbstaster)	150
		A. tongolensis (Frühlingsaster)	50
Astilbe, Prachtspiere	Astilbe	*A. arendsii*	100
Ballonblume	Platycodon	*P. grandiflorum*	70
Bechermalve	Lavatera	*L. thuringiaca*	120
Christrose	Helleborus	*H. atrorubens* (Schneerose)	40
		H. niger (Christrose)	25

Hauptblütezeit und häufigste Grundfarbentöne		Bevorzugte Standorte
Feb – Apr	gelb	Halbschattiger Platz; gedeiht auch auf sandigen, frischen bis feuchten Böden
Apr	gelb	Sonnig; kalkhaltige Sandböden
Mai – Jul	viele	Halbschatten; frische, kalkfreie Sandböden
Apr – Mai	weiß	Breitet sich im Halbschatten auf humosen Waldböden durch Ausläufer stark aus
Mai – Jun	weiß	Starke Verbreitung im Halbschatten auf humosen, kalkhaltigen Böden
Apr – Mai	lila	Sonniger Platz auf eher trockenen Sandböden
Jul – Sep	viele	Sonniger Platz auf kalkhaltigem, nahrhaftem und eher trockenem Boden
Sep – Okt	viele	Sonnig; frischer, nährstoffreicher Boden
Sep – Okt	rot/blau	Sonnig; frischer Boden
Sep – Okt	blau/rot u. a.	Sonniger Platz auf feuchtem Gartenboden
Mai – Jun	weiß/blau	Sonniger Platz auf kalkhaltiger Erde
Jul – Sep	rot/weiß/rosa	Halbschatten auf frischen, sandigen Böden
Jul – Aug	blau/rosa	Sonne bis Halbschatten; frischer und nährstoffreicher Gartenboden
Jul – Aug	rosa	Sonniger bis halbschattiger Platz in normaler Gartenerde
Jan – Mrz	rot	Schattig bis halbschattig; kalkhaltiger Boden
Dez – Mrz	weiß	Schatten bis Halbschatten; kalkhaltiger, nährstoffreicher Boden

Deutscher Name	Gattung	Wichtige Arten; z. T. in zahlreichen Sorten	Höhe in cm bis
Chrysantheme	Chrysanthemum	*C. x hortorum*	80
Edelgarbe	Achillea	*A. filipendula*	100
Edle Distel	Eryngium	*E. alpinum*	70
Ehrenpreis	Veronica	*V. prostrata*	20
		V. spicata	40
Eisenhut	Aconitum	*A. napellus*	150
		A. wilsonii	150
Enzian	Gentiana	*G. acaulis*	10
		G. asclepiadea	50
Fingerhut	Digitalis	*D. purpurea*	150
Fingerkraut	Potentilla	*P. aurea*	20
		P. verna	10
Funkie	Hosta	*H. crispula*	70
Gemswurz	Doronicum	*D. caucasicum*	50
Goldfelberich	Lysimachia	*L. punctata*	80
Goldrute	Solidago	*S. caesia*	80
Haselwurz	Asarum	*A. europaeum*	15
Heidenelke	Dianthus	*D. deltoides*	20
Herzblume	Dicentra	*D. eximia*	20

Hauptblütezeit und häufigste Grundfarbentöne		Bevorzugte Standorte
Aug – Okt	braun/ gelb/ weiß/rot	Sonniger Platz auf kalkhaltigen, nährstoffreichen, trockenen bis frischen Böden
Jun – Sep	gelb	Sonniger, kalkhaltiger Standort
Jul – Aug	blau	Sonne; eher trockener, magerer Boden
Mai – Jun	blau	Am sonnigen, eher trockenen, kalkhaltigen Standort starke Verbreitung durch Ausläufer
Jul – Sep	blau/rot	Ansprüche wie *V. prostrata*
Jul – Okt	gelb	Schatten bis Halbschatten; frische bis feuchte humose Böden
Aug – Okt	blau	Wie *A. napellus*
Mai – Aug	blau	Feuchter, kalkhaltiger, sonniger Standort
Jul – Sep	blau/weiß	Wie *G. acaulis,* aber Halbschatten
Jun – Jul	rot/weiß	Im Halbschatten auf trockenen, nicht kalkhaltigen Böden (Zweijahrespflanze)
Mai – Jun	gelb	Sonniger Platz auf leicht sauren Böden
Apr – Aug	gelb	Sonniger, sandiger Standort
Jul – Aug	lila	Halbschatten auf frischen Böden
Apr – Mai	gelb	Sonnig bis halbschattig; frischer Boden
Jun – Aug	gelb	Schattiger bis halbschattiger Platz auf feuchtem Boden
Sep – Okt	gelb	Sonniger Platz; keine besonderen Bodenansprüche
Mrz – Apr	braun	Auf humosem, kalkhaltigem Boden Schatten bis Halbschatten
Jun – Aug	rot	Sonnige, trockene, kalkfreie, magere Standorte
Mai – Jul	rot	Halbschatten; frischer humoser Boden

Deutscher Name	Gattung	Wichtige Arten; z. T. in zahlreichen Sorten	Höhe in cm bis
Hungerblume	Draba	*D. bruniifolia*	5
Iris, Schwertlilie	Iris	*I. x barbata-elatior*	110
		I. x barbata-media	40
		I. x barbata-nana	30
		I. kaempferi	100
		I. sibirica	80
		I. pseudacorus	100
Kokardenblume	Gaillardia	*G. x grandiflora*	70
Lampionblume	Physalis	*Ph. franchetii*	80
Leberblümchen	Hepatica	*H. nobilis*	20
Lichtnelke	Lychnis	*L. chalcedonica*	100
Lungenkraut	Pulmonaria	*P. rubra*	40
		P. saccharata	30
Lupine	Lupinus	*L. polyphyllus*	110
		L. x hybridus	110
Malve	Malva	*M. moschata*	80
Mädchenauge	Coreopsis	*C. grandiflora*	70
		C. verticillata	70

Hauptblütezeit und häufigste Grundfarbentöne		Bevorzugte Standorte
Apr – Mai	gelb	Sonne; sandiger, kalkhaltiger, eher trockener Boden
Mai – Jun		Sonnige, trockene, höchstens frische Standorte auch auf sandigen, aber nicht sauren Böden
Mai	alle in	s. oben; auch Halbschatten
Apr – Mai	zahl-	wie *I. x barbata-elatior*
Mai – Jul	reichen Farben	Sonne; moorige, saure, nasse Böden – Sumpf
Jun		Sonne; auf frischen bis feuchten, aber auch noch auf trockenen, mageren Böden
Mai – Jul	gelb	Sonnig bis halbschattig; heimische Sumpfpflanze
Jul – Sep	rot/gelb	Sonniger Platz auf normalem Gartenboden
Aug – Sep	weiß	Unbedeutende Blüten, aber zierende rote Fruchtkelche. Sonne oder Halbschatten auf kalkhaltigem Boden
Mrz – Apr	blau/ weiß	Schatten bis Halbschatten auf frischen, kalkhaltigen Böden
Jun – Jul	rot	Sonniger Platz auf normaler Gartenerde
Mrz – Mai	rot	Schatten auf humosen, frischen bis feuchten Böden
Apr – Mai	rot	wie *P. rubra*
Mai – Aug	viele	Sonnige, nährstoffreiche, frische Standorte
Mai – Aug	viele	s. *L. polyphyllus*
Jun – Sep	rosa	Sonniger bis halbschattiger Platz auf eher trockenen, auch sandigen Böden
Jun – Sep	gelb	Sonniger Platz auf auch trockenen, sandigen Böden
Jun – Sep	gelb	wie *C. grandiflora*

Deutscher Name	Gattung	Wichtige Arten; z. T. in zahlreichen Sorten	Höhe in cm bis
Mohn	Papaver	*P. nudicaule* (Island-Mohn) *P. orientale* (Türkischer Mohn)	50 100
Nachtkerze	Oenothera	*O. tetragona*	60
Ochsenzunge	Anchusa	*A. italica*	100
Perlkörbchen	Anaphalis	*A. triplinervis*	30
Pfingstrose	Paeonia	*P. officinalis* *P. tenuifolia*	70 50
Phlox	Phlox	*P. paniculata*	120
Primel	Primula	*P. x hortensis* *P. acaulis* *P. x polyantha*	15 10 30
Rittersporn	Delphinium	*D. x belladonna* *D. x cultorum* *D. nudicaule*	100 200 40
Salbei	Salvia	*S. nemorosa*	50
Schleifenblume	Iberis	*I. sempervirens*	30
Sonnenauge	Heliopsis	*H. scabra*	140

Hauptblütezeit und häufigste Grundfarbentöne		Bevorzugte Standorte
Mai – Okt	viele	Sonne; gedeiht auch auf eher mageren, sandigen, trockenen Böden
Mai – Jul	rot/weiß	Sonniger Platz auf humoser Erde
Jun – Aug	gelb	Sonniger, kalkhaltiger Standort
Jun – Sep	blau	Sonniger Platz auf kargen, sandigen Böden
Jun – Aug	weiß	Sonne; starke Verbreitung durch Ausläufer auch auf sandigen, mageren, kalkhaltigen Böden
Mai – Jun	rot/weiß	Frische, nährstoffreiche, etwas saure Standorte in voller Sonne
Mai – Jun	rot	Eher trockene, sogar magere, sonnige Standorte
Jun – Okt	rot/weiß/lila	Sonnige Plätze auf frischen, nährstoffreichen, auch etwas sauren Böden
Mai – Jun	viele	Halbschatten bis Schatten auf kalkhaltigem Gartenboden
Mrz – Apr	viele	Schatten bis Halbschatten; frischer Boden
Mrz – Apr	viele	Schatten bis Halbschatten; frische bis feuchte, auch etwas saure Böden
Mai – Jul Sep – Okt	blau/ rosa/lila	Sonnige Plätze auf frischen Böden
Jun – Jul Sep – Okt	Blautöne	Humose Gartenerde, sonniger Platz
Jun	rot- orange	Kalkhaltige, sandige Böden mit voller Sonne Der Rückschnitt nach der Frühjahrsblüte begünstigt bei den Rittersporen die Herbstblüte
Jul – Okt	lila	Kalkige, sonnige Standorte
Apr – Jun	weiß	Volle Sonne auf sandigen, kalkhaltigen Böden
Jul – Sep	gelb	Frische bis feuchte, aber sonnige Plätze

Deutscher Name	Gattung	Wichtige Arten; z. T. in zahlreichen Sorten	Höhe in cm bis
Sonnenhut	Rudbeckia	*R. nitida* *R. maxima*	200 200
Steinbrech	Saxifraga	*S x arendsii*	20
Stockrose	Althaea	*A. ficifolia*	200
Storchschnabel	Geranium	*G. endressii*	30
Taglilie	Hemerocallis	in vielen gleichwertigen Arten und Sorten	130
Veilchen	Viola	*V. cornuta* *V. odorata*	25 15
Wildes Alpenveilchen	Cyclamen	*C. europaeum*	20
Ziest	Stachys	*St. grandiflora*	50

Hauptblütezeit und häufigste Grundfarbentöne		Bevorzugte Standorte
Jun – Sep	gelb	Sonnige, feuchte Plätze
Jul – Sep	gelb	Wie *R. nitida*
Apr – Mai	rot/gelb/ weiß	Halbschattige, humose, nicht ganz trockene, auch sandige Standorte
Jul – Sep	gelb	Nährstoffreiche, sonnige Plätze
Jul – Sep	rosa	Sonne oder Halbschatten; gedeiht auch auf eher trockenen, kargen, sandigen Böden
Jun – Aug	rot/gelb	Halbschattiger bis sonniger Platz auf frischen bis feuchten Böden
Mai – Sep	blau/lila	Halbschattiger oder Sonne; eher frische Böden
Mrz – Apr	blau/lila	wie *V. cornuta*
Jul – Okt	rosa	Halbschatten auf humosen, feuchten Böden
Jul – Aug	rot	Sonnige bis halbschattige, kalkhaltige Plätze

Steine und Holz als Gestaltungselemente

Stein- und Holzhaufen als Gestaltungselemente des Gartens liegen sicherlich hart an der Grenze dessen, was ein Grundstückseigner noch als Naturgarten akzeptieren und noch nicht als Sinnbild eines verwahrlosten Gartens verstehen mag. Solche in zwangsloser Ordnung aufgeschichtete Haufen werden jedoch schnell zum Lebensraum für die Gartenfauna und machen zudem keine Arbeit, so daß sie als Gartenelemente hier kurz erwähnt seien.

Wenn zum Beispiel beim Gehölzschnitt große Mengen an Ästen und Zweigen anfallen, die man aus Platzmangel nicht der Kompoststation zuführen kann, oder wenn man Natur- oder Ziegelsteine nicht unterzubringen weiß, die vielleicht beim Abbruch einer alten, bröckeligen Gartenmauer oder eines baufälligen Nebengebäudes übrig bleiben, kann man sie unter Bäumen oder Sträuchern oder in einer besonnten Gartenecke zu einem kleinen, ungeordneten Haufen aufschichten. Auf den feuchten Stein- und Holzresten siedeln bald Algen, das tote Holz wird von Pilzen und Flechten überzogen, am Fuße des Gesteins stellen sich Moose ein und der Haufen wird von Insekten und Spinnen besiedelt. Vögel finden im Holzhaufen im Gewirr des Reisigs Nahrung und Schutz, Igel ihr Winterversteck, Erdkröten gehen am Totholz auf Nahrungssuche und Eidechsen sonnen sich auf warmen Steinen, im Umfeld des unberührten Holz- oder Steinhügels siedeln sich Wildkräuter und Gräser an – ein Biotop entsteht, der die Beobachtung lohnt.

Stein- oder Holzhaufen als Elemente des Naturgartens bedürfen nicht der Pflege; gärtnerische Eingriffe würden im neuen Lebensraum die Ansiedelung von Wildpflanzen und

-tieren stören, für deren Schutz dieses Gartenelement ja gerade bestimmt ist. Zweifellos wird man manchem unwissenden und verständnislosen Nachbarn erläutern müssen, daß die scheinbare Unordnung in einer Gartenecke nicht Desinteresse an der Gestaltung des eigenen Grundstücks verrät, sondern vielmehr ein kleiner, sinnvoller Beitrag zur Förderung unserer heimischen Pflanzen- und Tierwelt ist. Statt die natürliche Entwicklung des Lebensraumes durch überflüssige Eingriffe zu behindern, kann man die Arbeitszeit besser für die Gestaltung eines anderen Gartenelements einsetzen – des Wassergartens.

Naturteich im Garten: Lebensraum für Flora und Fauna

Wassergarten

Ein Teich bereichert den Hausgarten um eine Fülle von Unterwasser-, Sumpf- und Schwimmpflanzen und um eine faszinierende Tierwelt, die nur an, in und mit dem Wasser leben kann. Im Sinne dieses Buches skizzieren wir die Gestaltung eines Gartenteichs, der sowohl nur ein Minimum an Pflege verlangen als auch ein naturnahes Kleingewässer sein soll – und nicht zufällig ist es gerade der naturgemäße Teich, in dem sich das Leben von Flora und Fauna weitgehend selbst reguliert und Pflegearbeiten zum großen Teil entbehrlich sind. Vom *naturgemäßen Teich* zu reden, ist insofern paradox, als ein Teich per Definition ein künstliches, vom Menschen angelegtes Gewässer ist; stehende Gewässer natürlichen Ursprungs sind dagegen die flachen, regelmäßig saisonal austrocknenden *Tümpel*, die kaum mehr als zwei bis drei Meter tiefen, nie vollständig austrocknenden *Weiher* und die *Seen*, die durch eine flache Uferzone und eine lichtarme Tiefenzone ohne Pflanzenwuchs gekennzeichnet sind.

Aber es ist klar, was man unter einem pflegeleichten, naturgemäßen Gartenteich verstehen sollte: einen Wassergarten ohne wartungsintensive Luftpumpe oder Wasserfilter, ohne Springbrunnen, Fontäne oder Nachtbeleuchtung, die am lauen Sommerabend die Wasserfläche rot-gelb-grünblau bestrahlt, die eine durch Gartenzwerg und Windmühlchen gekennzeichnete Gartenidylle schafft und in deren nächtlichem Schein bald blonde Nixen zwischen Goldfischlein und Seeröschen vom dunklen Gewässergrund empor zu steigen scheinen. Ein naturnaher Gartenteich ist ein Gewässer ohne anspruchsvolle, exotische Bepflanzung und ohne

Besatz mit solchen Fischen, Lurchen oder Reptilien, die nur mit unserer Hilfe überdauern, die man regelmäßig füttern oder vor dem frostigen Winter herausfangen und im warmen Haus bis zum Frühjahr pflegen muß.

Kann man die Gestaltung des eben umrissenen, pflegeintensiven Gartenteichs vielleicht als *idyllisch* oder *harmonisch* beschreiben, so wird die Beobachtung des naturnah konzipierten Gartengewässers eher zum spannenden Abenteuer: Hier einsteht kein wohlgeordnetes, sauberstes Wasserbecken mit auffällig gefärbten Zierfischen, die sich kaum einmal der Beobachtung des Gartenbesitzers entziehen können, sondern hier entwickelt sich eine prächtige Wildnis, die ohne ständige Eingriffe zum Lebensraum für heimische Wildtiere werden kann, wenn man die richtigen Rahmenbedingungen schafft.

Hier sind Tiere nicht ständig präsent, sondern folgen selbstständig ihrem Lebensrhythmus, der sie heute zum Teich und morgen ins Umland führen, der sie im Frühjahr zum Gartengewässer und im Sommer zum nächsten Laubwald treiben mag. Die heimische Teichfauna bedarf weder der Fütterung noch des Winterschutzes durch den Gartenbesitzer; sie ist jedoch auch nicht ständig zugegen, wie das jener vielleicht wünscht.

Von den Tiergruppen, die einen Gartenteich mit geeignetem Umland als Lebensraum annehmen, sind unsere heimischen Lurche in ihrer Existenz besonders bedroht: Frösche, Laubfrösche, Kröten, Froschkröten, Unken, Molche, Salamander sind stark zurückgedrängt worden; die Verfüllung natürlicher Kleingewässer, die Trockenlegung von Sümpfen Mooren und nassen Wiesen sowie das dichte Straßennetz haben die Lurchbestände stark vermindert – alljährlich werden Tausende von Lurchen von Autos überfahren, wenn sie auf dem Weg zu ihrem Laichgewässer Straßen überqueren. Es bietet sich also an, gerade für diese Tiere einen Teich anzulegen und einen geeigneten Landlebensraum zu schaffen.

Warum brauchen Lurche Kleingewässer? Lurche leben amphibisch – mit Ausnahme des Alpensalamanders verbringen sie zumindest ihre Jugend im Wasser und erschließen sich von dort ihren Lebensraum auf dem Land. Die erwachsenen, geschlechtsreifen Tiere laichen im Wasser ab; in nur wenigen Wochen entwickeln sich aus dem Laich die Larven.

Binnen weniger Monate bilden sich die kiemenatmenden, geschwänzten, fischähnlichen, arm- und beinlosen Junglarven zu lungenatmenden Frosch- oder Schwanzlurchen um und gehen an Land; bei den Froschlurchen ist zudem der Darm der pflanzenfressenden Larve im umgestalteten, fleischfressenden Landtier um ein Vielfaches verkürzt, der Larvenschwanz eingeschmolzen worden. – Lediglich Feuersalamander und Geburtshelferkröten setzen nicht Laich, sondern bereits entwickelte Larven im Wasser ab; die Alpensalamander gebären sogar vollständig umgewandelte Jungtiere.

Lurche sind mehr oder weniger ihrem Geburtsgewässer treu; es bringt also in der Regel nichts, erwachsene Tiere in freier Wildbahn zu fangen, um sie im eigenen Gartenteich anzusiedeln. Spätestens zur nächsten Laichzeit wandern sie ab, um ihr angestammtes Gewässer zum Laichen aufzusuchen – vor allem der Erdkröte wird nachgesagt, daß sie noch über Jahre zur Laichperiode ihr Geburtsgewässer sucht, selbst wenn dies längst zugeschüttet wurde. Diese Ortstreue der Lurche hat ihren biologischen Sinn, denn ein Gewässer, das einmal den nun ausgewachsenen, geschlechtsreifen Lurch hervorgebracht hat, wird auch mit hoher Wahrscheinlichkeit für dessen Nachkommen geeignet sein – nun, da der Mensch in der Kulturlandschaft so viele Lurchgewässer verfüllte, gerät die Laichgewässertreue manchen Amphibien zum Nachteil. Andererseits kommt die Besiedelung neuer Gewässer vor allem durch *Irrläufer* zustande, die einen Lebensraum erschließen.

Ferner muß bei der Umquartierung von Lurchen die *Bundesartenschutzverordnung* vom 25. August 1980 beachtet werden, nach der man die geschützten Lurche wie auch deren Laich und Larven nicht den natürlichen Lebensräumen entnehmen darf.

Wie kann man also nach der Anlegung eines Naturteichs Lurche ansiedeln?

Es gibt zwei Möglichkeiten:

1. Man tut nichts und wartet ab. – Diese Alternative ist unter ökologischen Aspekten die beste, denn das Gartengewässer wird, wenn überhaupt, nur von standortheimischen Lurcharten als Lebensraum gefunden und angenommen. Der Teich wird mit hoher Wahrscheinlichkeit von Irrläufern besiedelt, wenn sich in nächster Nähe ein Lurch-Gewässer befindet oder bis vor kurzem befunden hat. Zudem regelt sich die mögliche Auseinandersetzung verschiedener Arten um den Teich als neuen Lebensraum ohne Eingriff des Gartenbesitzers; natürliche Regulationsmechanismen machen unter Umständen eine Lurchart dominant. Auf der anderen Seite kann das Gewässer nur als neuer Lebensraum angenommen werden, wenn es überhaupt noch Lurche im Umland gibt – aber gerade dann ist der Gartenteich als Lurch-Rettungsgewässer nicht von überragender Wichtigkeit, denn das örtliche Vorkommen der Tiere ist vorerst gesichert. Bleibt die Besiedelung eines liebevoll angelegten Teichs durch Lurche aus, ist der Gartenbesitzer zudem rasch geneigt, auf die Besetzung mit Zierfischen zurückzukommen, damit der Gartenteich durch Wirbeltiere belebt wird.

2. Man setzt Laich oder Larven ein, die man von einem Gartenbesitzer mit bereits funktionierendem Lurchteich bekommen kann. Die Prägung der Tiere auf ihr Geburtsgewässer erfolgt wahrscheinlich spätestens mit dem Übergang aufs Land;

Betonbecken mit hohem Rand: Als Lurchgewässer ungünstig

man darf deshalb nur junge Larven umsetzen. Nicht nur Lage, Größe und Bepflanzung des Gartenteichs müssen den Ansprüchen der Lurche genügen, sondern auch ein geeignetes Umfeld muß vorhanden sein. Umsetz-Experimente mit den stark gefährdeten oder sogar vom Aussterben bedrohten Arten wie *Rot-* und *Gelbbauchunke*, *Laubfrosch*, *Moorfrosch* oder *Springfrosch* läßt man ohne kompetente Beratung durch örtliche Naturschutz-Verbände besser bleiben. – Wir können im Rahmen dieses Taschenbuchs nicht alle Umstände im einzelnen anführen, die es bei der Besiedelung des Gartenteichs mit einer oder mehreren der 19 bzw. 20 heimischen Lurcharten – der Wasserfrosch *Rana esculenta* ist erst in der Entwicklung zur Artenstabilität – und ihren Unterarten zu bedenken gilt; generell muß man sich per Fachliteratur vor dem Einsetzen gründlich informieren. Als Einstieg sind hier die Arbeiten ›Rettet die Frösche‹ des pro-Natur-Verlages und ›Amphibien und Reptilien‹ von Matz/Weber zu empfehlen (siehe Literaturverzeichnis). Vor allem darf man nicht die Arten und Unterarten geographisch vermischen: Man riskiert langfristig eine Verfälschung der regionalen Lurchbestände, wenn man etwa wahllos Laich oder Larven in den eigenen Gartenteich in Schlewig-Holstein einsetzt, die man zuvor im Urlaub in Bayern von einem Teichbesitzer bekommen hat.

Keine Umsetz-Experimente

Ein kleiner Gartenteich kann eher ein funktionierendes Laich- und Lebensgewässer für Amphibien werden, wenn man ihn fischfrei hält. Nicht nur Raubfische, auch Zierfische wie *Koi* und *Goldfisch* setzen Laich und Larven arg zu – natürlich verschmähen aber auch die Lurche selbst weder Laich noch Larven.

Wie aber legt man nun einen Gartenteich an?
Was ist bei seiner Gestaltung zu berücksichtigen?
Wie bepflanzt man ihn?
Welche Pflegearbeiten erfordert er später?

Größe und Lage

Je größer der naturnah gestaltete Teich angelegt wird, um so stabiler ist später das Öko-System, das sich hier entwickelt. Die Teichgröße findet jedoch ihre praktikable Grenze in der zur Verfügung stehenden Gartenfläche, dem Budget für den Kauf von Teichfolie und Bepflanzung und dem Engagement des Gartenbesitzers, die Teichkuhle auszuheben, abzudichten und zu bepflanzen. Als Lebensraum für manche Lurcharten, etwa Molche oder Unken, die sogar in vom Regen gefüllten Radspuren laichen sollen, eignen sich sich bereits Teiche mit Wasserflächen von vielleicht fünf bis zehn Quadratmetern Wasserfläche mit einem nie ganz trockenen Umlandgürtel von mehreren Metern Breite, der überwiegend dicht bepflanzt wird und mit Steinen, Baumstümpfen und -wurzeln Unterschlupf bietet. Teich-, Wasser- oder Seefröschen hingegen, die wie die Unken sich ständig am Teich aufhalten, wird man mit größeren Wasserflächen eher gerecht. Die meisten Lurche bevorzugen sonnige Teiche, in deren im Frühjahr rasch erwärmten Wasser sich Laich und Larven schnell entwickeln, mit besonnten, aber feuchten bis sumpfigen Teichrändern.

Materialien

In der Regel dichtet man die ausgehobenen Mulde unkompliziert und preisgünstig mit einer im Fachgeschäft erhältlichen *Teichfolie* ab.

Der Bau von *Betonbecken* oder stahlarmierten *Steinbecken* dagegen kommt recht teuer, seine Amphibien-gerechte Modellierung ist verhältnismäßig schwierig, und Spannungen und Risse im Bauwerk sind nicht ausgeschlossen; zudem muß man unter Umständen das Wasser im Winter ablassen, um Frostschäden zu verhindern. Mit verschiedenen Höhenabstufungen gestaltete *Fertigbecken* aus Polyester überschreiten selten 5 bis 6 Quadratmeter Wasserfläche und kosten recht viel; die Form muß vorsichtig mit Sand in die Erdgrube eingespült werden, damit sie nicht in Hohlräumen durch das Gewicht des Wassers Risse bekommt. Die Abdichtung der Teichmulde mit undurchlässigem *Ton* bietet sich in dem Garten an, der ohnehin schwersten Boden aufweist. Sonst muß man den Boden in der Baustoffhandlung kaufen und in 30 – 50 cm starker Schicht auf dem Teichgrund feststampfen – Ausspülungen und Durchwachsungen von Pflanzenwurzeln sind dennoch nicht ausgeschlossen. Die Anlegung von *Grundwasserteichen* ist im Hausgarten die Ausnahme und erfordert einen hohen Grundwasserstand, damit der Aufwand für den Aushub in vernünftigen Grenzen bleibt.

Teichfolien sind im Gartenfachhandel erhältlich in Stärken zwischen 0,5 und 2 mm mit Preisen zwischen rund fünf und zwanzig Mark je Quadratmeter; man sollte eine mindestens 10jährige Garantie auf ihre Reißfestigkeit, UV-Licht-Stabilität und Ungiftigkeit verlangen. Die Folie kauft man erst, wenn die Teichmulde ausgehoben und exakt vermessen worden ist.

Aushub

Für den Aushub des Teichlochs mit Spaten und Schaufel wird man auf sandigen Böden im Durchschnitt kaum mit unter drei bis vier Arbeitsstunden je Kubikmeter davonkommen; schwerere Böden erfordern noch mehr Arbeitszeit. Bei tieferen und zudem großflächigeren Teichen ab vielleicht 20 qm und mit schwerem Boden dürfte es unrealistisch sein, den Aushub manuell vornehmen zu wollen – man verliert den Mut, bevor man fertig wird. – Bestellt man schon einen Bagger oder Radlader, so spart man Geld, wenn man den Erdaushub nicht per Lkw abfahren läßt, sondern im Garten zu verwenden weiß – z. B. für den Aufbau einer Wallhecke.

Den für die Teichmulde vorgesehenen Gartenplatz markiert man mit Stöckchen oder Pfählen. Bei der Gestaltung des naturnahen Teiches sollte man eine aufgelockerte, nicht einfach geschwungene Uferlinie mit Buchten und Vorsprüngen bevorzugen, ein Profil mit tiefen und flachen, schnell von der Frühlingssonne zu erwärmenden Wasserzonen, das zudem im Winter den gegen die Wände wirkenden Eisdruck entkräftet. Die Tiefe des Teiches sollte 60 – 80 cm nicht unterschreiten, damit das Wasser im Winter nicht bis auf den Boden durchfriert und am Grund überwinternde Lurche unter ungünstigen Lebensbedingungen eingehen – manche gesunde, im Sommer gut genährte Lurche überstehen jedoch ein kurzfristiges Einfrieren, wenn ihr Stoffwechsel in der Winterruhe ohnehin gegen Null geht. – Die erforderliche Aushubtiefe erhöht sich um den Bodensatz von 10 – 20 cm, den man später im Teich für die Bepflanzung anlegt.

Aus dem Teichbett, das mit Hilfe einer Wasserwaage auf ein einheitliches Niveau gebracht wurde, damit es später einen gleichmäßigen Wasserstand halten kann, entfernt man Steine und spitze Baumwurzelteile, welche die Folie durchlöchern könnten. Die Einlage eines feinmaschigen Drahtgeflechts in die Grube soll als Schutz vor Erdwühlern wie Maulwürfen und Wühlmäusen von Nutzen sein. – Die notwendige Größe der rechteckigen Teichfolie wird nun gemessen, indem man Schnüre über die größte Länge und die größte Breite jeweils von Rand zu Rand auf dem Teichboden auslegt – Länge der Bänder zuzüglich jeweils zwei Randzulagen für die Folienbefestigung am Ufer oberhalb der Wasserlinie = erforderliche Länge und Breite des Folienstücks.

Folienverlegung und Randgestaltung

Nachdem die Teichkuhle ausgehoben ist, bereitet man zunächst die Folienverlegung an den Teichrändern vor. Der Folienrand sollte gegenüber dem Umfeld ein wenig erhöht sein, damit der nährstoffreiche Gartenboden des Umlands nicht bei Regen in den Teich geschwemmt wird. Umgibt eine Wiese oder ein Rasen den Teich, trägt man um die Mulde herum die Soden dünn ab und legt sie später, wenn die Grube mit Wasser gefüllt wurde, wieder auf den

Folienrand an ihren alten Platz. Man kann die Folienränder jedoch auch unter Steinen, Baumstümpfen und -wurzeln verstekken, darf jedoch keine hohen Kanten errichten, die für junge Lurche – manche sind kaum einen Zentimeter lang – beim Übergang vom Wasser aufs Land nicht passierbar wären. Aus diesem Grunde sind zum Beispiel am Teichrand verlegte Trittplatten eine böse Falle, wenn man sie – um die Folie zu verstecken – so legt, daß sie den Rand zum Wasser hin überragen.

Das geglättete Teichbett wird nun mit der geschmeidigen Folie ausgekleidet, dann eine Schicht sandigen Lehms aufgetragen. Fetter Mutterboden aus dem Garten ist als Teichgrund nicht geeignet; er macht das Wasser zu nährstoffreich, begünstigt Algen- und Bakterienblüten, Sauerstoffmangel und Wassertrübe. Bevor das Wasser eingelassen wird, kann man bereits in den angefeuchteten Lehm Pflanzen setzen. Das bietet sich vor allem für Stauden mit kräftigem Rhizon an, die man in den Untergrund eingräbt; Unterwasserpflanzen wie die Wasserpest *Elodea* hingegen kann man – mit einem Steinchen beschwert – auch später in die wassergefüllte Grube absenken; sie wurzeln meist ohne Hilfe. – Nun wird der Teich mit Wasser gefüllt.

Wasser

Nur wenige Gartenbesitzer werden über ein Regenwasser-Reservoir verfügen, das für die Erstfüllung des Teichs ausreicht. Ebenso die Ausnahme sind am oder auf dem Grundstück verlaufende Bäche, die man zur Wassergewinnung nutzen könnte

Folienteich: Der Rand ist nicht sichtbar

– meist steht nur wertvolles Leitungswasser zur Verfügung, das aber immerhin für die Anlegung eines Lurchgewässers sinnvoller genutzt wird als für die Sprengung eines Rasens im Hochsommer, oder Grundwasser aus einem eigenen Brunnen. Die Verwendung von Brunnen- und Leitungswasser, das im Teich in der Wechselwirkung mit Boden, Bepflanzung und Tierbesatz aufgearbeitet wird, ist in der Regel wasserchemisch unproblematisch; die wichtigsten Faktoren seien kurz angeführt, die man mit Reagenzien aus dem Aquaristik-Fachgeschäft messen kann:

Gesamthärte

Leitungs- und Grundwasser ist *hart* oder *weich*, enthält viel oder weniger gelöste Kalzium- und Magnesiumsalze. Maßeinheit ist der ›Grad deutscher Härte‹ (°dH). Die Härtegrade sind örtlich sehr verschieden und können beim Wasserwerk erfragt werden. Die Gesamthärte beeinflußt die Zellfunktion der Wasser-Lebewesen. Werte zwischen 3 und 10 °dH gelten als günstig. Hartes Wasser wird durch Zusatz von Regenwasser weicher.

Karbonathärte

Die Karbonathärte ist ein Maß für den Anteil von Hydrogencarbonat-Anionen. Sie binden freie Wasserstoff-Ionen und beeinflussen damit den pH-Wert. Bei Karbonat-Mangel sinkt der pH-Wert (saureres Wasser), bei überhöhtem Anteil steigt der pH (alkalisches Wasser). Werte um und unter acht Grad sind ein verträgliches Mittelmaß.

pH-Wert

Der Säuregrad des Wassers wird als pH-Wert ausgedrückt: Den pH 7 nennt man neutral, Werte unter 7 *sauer* und Werte über 7 bis 14 *alkalisch* oder *basisch*. Die pH-Werte des Teichwassers schwanken im Tages- und Jahresablauf. Der richtige Anteil der Hydrogencarbonat-Anionen verhindert für die Teichfauna lebensbedrohliche pH-Extreme. Umproblematisch sind in der Regel Durchschnittswerte zwischen pH 6.5 und pH 8 mit kurzen Überschreitungen.

Nitrat

Stickstoff aus Tierkot, Pflanzen- und Futterresten wird unter Sauerstoff-Verbrauch über *Ammoniak* und *Nitrit* zum pflanzendüngenden *Nitrat* abgebaut. Bei überhöhter Konzentration unter Sauerstoffmangel bildet sich Nitrat wieder in giftiges Nitrit um. Ein Nitratgehalt bis zu etwa 40 mg je Liter Wasser ist günstig, eine langfristige Belastung des Wassers mit mehr als etwa 80 mg Nitrat für die Teichfauna gefährlich. Bereits das frische Leitungswasser kann Nitrat enthalten, überschreitet aber kaum 50 mg je Liter.

Chlor

Generell läßt man bei der Erstbefüllung das Wasser nicht direkt auf Lehmbett und Bepflanzung des Teichs fließen, damit die Pflanzen nicht ausgeschwemmt, der lockere Boden nicht ausgespült und an der tiefsten Stelle des Teichgrundes gesammelt wird. Gleichzeitig wird dabei Chlor aus Leitungswasser ausgetrieben, wenn man das Wasser mit feinem Strahl aus dem Gartenschlauch in einen gekippten Eimer düst, aus dem es dann in den Teich läuft.

Wenn der Teich gefüllt ist, befestigt und deckt man die Folienränder ringsum. Jedes neu entstandene Wasserloch braucht Zeit zur Entwicklung und Stabilisierung des Teichlebens, zur Schaffung eines

Gleichgewichts. Anfängliche Wassertrübungen und Algenblüten werden rasch wieder abgebaut und sind bei einem ausreichend bepflanzten Teich kein Grund zur Besorgnis.

Erst wenn die Verhältnisse im Teich sich stabilisiert haben, wenn gesetzte Pflanzen angewachsen sind, wenn bereits Insekten den neuen Lebensraum angenommen haben, wenn sich die Kleinstlebewelt der wirbellosen Tiere im Wasser entwickelt hat, das Teichumfeld hinreichend bewachsen ist, erst dann ist der Teich als Refugium für Lurche tauglich – erst dann sollte man, wenn überhaupt, Wirbeltiere einsetzen.

Pflanzen

In den pflegeleichten Teich gehören keine frostempfindlichen, nicht winterharten Pflanzen wie *Zyperngras*, *Wasserhyazinthe* oder *Feenmoos*, die man lediglich in Töpfen kultivieren kann und im Winterhalbjahr im Haus pflegen muß. In der Regel wird man kaum geduldig auf die Selbstansiedelung von Pflanzen im neu angelegten Gartenteich warten wollen; es dauert viele Jahre, bis sich ein dichter Bewuchs eingestellt haben wird. Die Wassergärtnereien bieten die wichtigsten standortheimischen Wasser- und Sumpfpflanzen an; die Entnahme aus Naturgewässern ist also nicht notwenig und verbietet sich für die seltenen, geschützen Arten ohnehin.

Erstbepflanzung

Bei der Erstbepflanzung des Teichs überschätzt man oft den Pflanzenbedarf. Schon einzelne Pflanzen verschiedener starkwüchsiger Arten reichen vollkommen aus; *Sumpfschwertlilien* zum Beispiel können unter guten Wachstumsbedingungen schon in der nächsten Vegetationsperiode die doppelte der bei der Pflanzung eingenommenen Fläche beanspruchen. Für zartgliedrige, aber wuchernde Unterwasserpflanzen wie die *Wasserpest* reichen schon Abstände von 30 – 50 cm; *See-* und *Teichrosen*, die mit ihren Schwimmblättern mehrere Quadratmeter Wasserfläche einnehmen, setzt man in kleineren Teichen, wenn überhaupt, nur solitär.

Günstige Pflanzzeiten

Frühling und Herbst sind günstige Pflanzzeiten; folglich ist auch die Erstbefüllung des Teichs in diese Zeit zu legen, will man die Pflanzen bequem in das noch nicht wassergefüllte Teichbett setzen. Grundsätzlich kann man die Gewächse direkt in den Teichboden pflanzen und beobachten, wie die einzelnen Arten sich in den kommenden Jahren ausbreiten und den umkämpften Lebensraum unter sich aufteilen werden. Starkwüchsige, wuchernde Pflanzen kann man auch in *Pflanzkörben* in den Grund setzen und beschränkt damit ihre Ausbreitung. Man sorgt zudem für ein Startquantum von Pflanzennährstoffen, wenn man den Pflanzkorb zum Teil mit eher fetter Gartenerde füllt und in den aus guten Gründen ärmeren, sandigen Lehm im Teich einsetzt.

Wir haben schon erläutert, daß ein pflegeleichter und naturgemäßer Teich nur dann als Lurchgewässer tauglich ist, wenn auch das Umfeld naturnah gestaltet ist. So bietet sich zum Beispiel die Gestaltung des Teichrandgürtels als Wiese an, deren Anlegung wir schon beschrieben haben. Auf den Teichrandgürtel gehören ebenso einige Aststücke, Baumstumpen oder Wurzelhumpen, die den Lurchen Versteck bieten. Je unübersichtlicher, ›unordentlicher‹ das Areal, um so besser für die Tiere.

Geeignete Pflanzen

Die für den Teich geeigneten Pflanzen sind grob in *Sumpfpflanzen* und *Wasserpflanzen* zu unterteilen. Erstere gedeihen am inneren Teichrand in der geringen Wassertiefe der *Sumpfzone*, die – wenn der Teichspiegel im Sommer durch Verdunsten zeitweilig sinkt – nicht von Wasser bedeckt sein muß, aber auch nicht vollständig austrocknen darf. Die Pflanzen der *Wasserzone* leben submers (= unter Wasser) oder wurzeln im tieferen Wasser und bilden Schwimmblätter und -blüten. Wir möchten einige ausgewählte, heimische bzw. eingebürgerte Arten vorstellen, die in und an unseren Naturgewässern leben und sich für die Pflanzung im Gartenteich eignen; sie gedeihen in sonnenexponierten Teichen wie auch noch an halbschattigen Standorten:

Pflanzen der Sumpfzone

Blutweiderich *(Lythrum salicaria)* bläulich-purpurrote Blüten von Juni bis September; Wuchshöhe bis zu einem Meter. An den Teichrand mit bis zu 20 cm Wassertiefe setzen.

Drachenwurz *(Calla palustris)* Wuchshöhe kaum 30cm überschreitend. Sumpfregion mit höchstens 10 cm Wassertiefe. Bevorzugt Halbschatten. Blüte Mai bis Juli; Blütenkolben von weißlichem Hochblatt umgeben.

Fieberklee *(Menyanthes trifoliata)* rosa-weiße Blüten im Mai und Juli. Wassertiefe bis 30 cm.

Froschlöffel	*(Alisma plantago-aquatica)* rund einen Meter hohe Sumpfpflanze mit unscheinbaren Blüten von Juni bis September; bis zu 20 cm Wassertiefe.
Gilbweiderich	*(Lysimachia thyrsiflora)* gelbe Blüten von Mai bis Juli. Wuchshöhe bis 40 cm; Wassertiefe bis 10 cm.
Kalmus	*(Acorus calamus)* stammt aus Asien, seit dem 16. Jahrhundert bei uns. Im Juni und Juli mit unscheinbaren Blütenkolben. Kaum 80 cm Wuchshöhe überschreitend; Sumpf mit höchstens 30 cm Wasserstand.
Pfeilkraut	*(Sagittaria sagittifolia)* rund 80cm Wuchshöhe; weiße Blütenblätter mit roten Staubblättern zwischen Juni und August. Wasserstand nicht über 15 cm.
Schwanen-blume	*(Butomus umbellatus)* bis zu etwa 80cm hohe Pflanze mit auffälligen, rosafarbenen Blütendolden von Juni bis August. Wassertiefe bis 30 cm.
Sumpfbinse	*(Scirpus lacustris)* auch Flechtsimse genannt. Am Teich kaum über 150 cm, selten auch bis zu drei Meter hoch mit 15 mm breiten Stengeln. Wassertiefe bis etwa 40 cm.
Sumpfdotter-blume	*(Caltha palustris)* gelbe Blüten von März bis Juni. Kaum über 30 cm hochwachsend. Maximaler Wasserstand 10 bis 20 cm, besser am stets feuchten, aber nicht überflutetem Teichrand.
Sumpf-schachtelhalm	*(Equisetum palustre)* bis zu 50 cm hoch, etwa 4 mm dicke Sprosse. Gedeiht auf sumpfigen Wiesen und verlandenden Ufern mit höchstens 15 bis 30 cm Wassertiefe.
Sumpfschwert-lilie	*(Iris pseudacorus)* 80 bis 100 cm hoch. Gelbe Blüten von Mai bis Juli. Wasserstand bis 30 cm.

Sumpfdotter-
blume *(Caltha palustris)*

Tannenwedel *(Hippuris vulgaris)*

Tannenwedel	*(Hippuris vulgaris)* unscheinbare Blüten in den Blattachseln zwischen Mai und August. Bis etwa 60 cm Wassertiefe.
Wasserminze	*(Mentha aquatica)* Standort im flachen Wasser mit nicht über 20 cm Tiefe. Wächst etwa 40 bis 50 cm hoch. Unscheinbare Blüte zwischen Juli und Oktober.
Zungenhahnenfuß	*(Ranunculus lingua)* rund einen Meter hoch. Goldgelbe, im Durchmesser bis zu 4 cm messende Blüten im Juni und Juli. Wassertiefe bis 30 cm.

Pflanzen der Wasserzone

Froschbiß	*(Hydrocharis morsus-ranae)* einhäusige, nicht auf dem Grund wurzelnde Schwimmpflanze für Wassertiefen ab 10 cm. Blütezeit Mai bis August; unscheinbare, bis zu 6 cm lange männliche Blütenstände und gestielte weibliche Einzelblüten der weiblichen Blütenstände.
Hornblatt	*(Ceratophyllum demersum)* zierliche Unterwasserpflanze für Tiefen ab 30 cm.
Krebsschere	*(Stratiotes aloides)* auch Wasseraloe genannt. Schwimmpflanze, die zur Blütezeit von Mai bis Juli aus dem Wasser ragt.
Laichkraut	*(Potamogeton spec.)* viele Arten, zum Beispiel das Schwimmende Laichkraut *(Potamogeton natans):* Schwimmpflanze der Wasserzone mit etwa 30 bis 100 cm Tiefe.
Nadelsimse	*(Eleocharis acicularis)* feingliedrige Pflanze, die submers in Tiefen bis einem Meter gepflanzt werden kann, aber auch am inneren Teichrand die flachen Zonen besiedelt.
Seerose	*(Nymphaea spec.)* in Naturgewässern heute selten und streng geschützt: Glänzende Seerose *(Nymphaea candida)* und

	Weiße Seerose *(Nymphaea alba)*, wurzeln in Tiefen bis etwa 150 cm und bilden auf der Wasseroberfläche große Schwimmblätter und -blüten; Blütezeit Juni bis September/Oktober. Seerosen für den Gartenteich gibt es in zahlreichen Zuchtformen für Tiefen ab etwa 50 cm. Die zahlreichen Farben und Formen der Zucht-Seerosen gilt es im Gartenteich mit Bedacht zu nutzen, wenn nicht ein buntes Märchengewässer an der Grenze zum Kitschigen entstehen soll.
Teichrose	*(Nuphar spec.)* Die Gelbe Teichrose *(Nuphar lutea)* wurzelt sogar noch in zwei Metern Wassertiefe und treibt auf der Wasseroberfläche von April bis September vier bis fünf cm breite, gelbe, wohlriechende Blüten. Die Kleine Teichrose *(Nuphar pumila)* bringt von Juni bis September kleinere, drei cm Durchmesser nicht überschreitende Blüten hervor, die weniger stark duften. – Beide Arten sind streng geschützt.
Tausendblatt	*(Myriophyllum spec.)* Quirlblättriges *(M. verticillatum)*, Ähriges *(M. spicatum)* und Wechselblütiges Tausendblatt *(M. alterniflorum)* sind zartblättrige, submerse Pflanzen. In Tiefen ab mindestens 30 cm setzen. Bevorzugen weiches, kalkarmes Wasser.
Wasserfeder	*(Hottonia palustris)* submerse Pflanze für Tiefen bis etwa 40 cm, die zur Blütezeit von Mai bis Juli über der Wasseroberfläche rosafarbene Blüten in Quirlen bildet.
Wasserhahnenfuß	*(Ranunculus aquatilis)* für Tiefen bis zu einem Meter. Bildet zwischen Juni und September über Wasser stehende, gut zwei cm breite Blüten.

Wasserpest *(Elodea spec.)* Drei Arten: Dichtblättrige *(E. densa),* Kanadische *(E. canadensis)* und Nuttals Wasserpest *(Elodea nuttallii).* Starkwüchsige, gar wuchernde submerse Sauerstoffspender für Wassertiefen bis zu 2 bis 3 Metern.

Wasserknöterich *(Polygonum amphibium)* für Tiefen ab 20 bis etwa 80 cm. Juni bis September rosafarbene Blüten. Bildet langgestielte, kahle Schwimmblätter.

Wassernuß *(Trapa natans)* Schwimmpflanze für Tiefen ab 15 cm. Die einzelnen, weißen Blüten erscheinen zwischen Juni und September. An den Naturgewässern Indikator für nährstoffreiches Wasser.

Wasserlauch *(Utricularia vulgaris)* im Wasser schwebende Pflanze mit goldgelben Blüten zwischen Juni und August. Der Wasserlauch ist ein Fleischfresser – die Blasen an den feingliedrigen Blättern ermöglichen das Fangen von Tieren, vor allem von Insektenlarven.

Teichpflege Um den naturgemäß angelegten Folienteich braucht man sich kaum zu kümmern: Wichtigstes Ziel muß sein, das Wasser nährstoffarm zu halten und damit Sauerstoffmangel und Wassertrübe als Folge von Algen- und Bakterienblüten zu verhindern.

In jährlichen Abständen zieht man mit einer Harke den Mulm von einer Teichgrundhälfte vorsichtig ab, um die Nährstoffanreicherung des Wassers durch die Zersetzung von Pflanzenresten und Tierkadavern zu mindern – die andere Hälfte des Teichbodenmulms beläßt man für die Überwinterung der Lurche und bearbeitet

Gelbe Teichrose
(Nuphar lutea)

Weiße Seerose
(Nymphaea alba)
und die rote
Zuchtform
›Escarboucle‹

sie erst im folgenden Jahr. – Im gleichen Arbeitsgang lichtet man zu starkwüchsige und raumgreifende Pflanzen, vor allem der Uferregion, aus, wenn sie das Gewässer beherrschen, der Teich zu verlanden droht. Herbstwelke und abgestorbene Blätter, Stengel und Blüten der Sumpf- und Wasserpflanzen entfernt man und zieht sie vom Teich ab, um die Aufdüngung des Wassers zu vermindern. – Am Lurchgewässer ist für diese Pflegearbeiten der frühe Oktober in der Regel ein geeigneter Kompromiß: Zwar sind noch nicht alle Pflanzen herbstwelk, doch können die noch stoffwechselaktiven Lurche sich rechtzeitig zur Frostperiode einen neuen Platz suchen, wenn man sie durch den Eingriff schon am Winterversteck am und im Teich aufgescheucht haben sollte. Nimmt man die Arbeiten dagegen im Winter oder Frühjahr vor, stört man die Tiere in der Winterruhe oder beim Laichen; zudem hat die Zersetzung der Pflanzenreste dann schon begonnen. Andererseits erwischt man bei der Oktoberreinigung nicht das Herbstlaub, das bis zum Winter noch in den Teich wehen wird – ist viel Herbstlaub zu erwarten, weil große Bäume im Umfeld stehen, kann ein über den Teich gespanntes Netz von Nutzen sein.

Nährstoffreiches Wasser

Algenblüten sind ein Indiz für nährstoffreiches Wasser. Ein fischfreies Gartengewässer muß nicht mit Filter, Lüfterpumpe oder Sauerstoff-Tabletten umgewälzt und belüftet werden; Fischfutter-Reste, die bei ihrer Zersetzung das Wasser erheblich anreichern, fallen hier nicht an – zudem sorgen die algenraspelnden Larven der

Froschlurche ohnehin für die Reduzierung von Algenwatten. Allenfalls sollte man im Amphibienteich bei zu starkem Algenwuchs einen Teil mit dem Rechen aus dem Wasser ziehen – auf chemische Präparate gegen Algen- und Bakterienblüten wird man im naturnahen Teich ganz verzichten. Ebenso sind Maßnahmen zum Pflanzenschutz am Gartenteich völlig fehl am Platze – Schädlinge sind Amphibiennahrung; sie werden von den Lurchen dezimiert.

Hinweis

Ein letzter Hinweis soll den Abschnitt ›Wassergarten‹ abschließen: In einem warmen, niederschlagsarmen Sommer verdunstet ein erheblicher Teil des Teichwassers. Will man den Wasserspiegel durch Zugabe von Leitungswasser wieder erhöhen, so sollte man das leitungskalte Wasser etappenweise in nur kleinen Mengen in den Teich einbringen, damit Pflanzen und Tiere nicht einem Temperatursturz ausgesetzt werden – schon plötzliche Abkühlungen um nur wenige Grade können Schaden anrichten.

Kartoffelblüte: Nutzen und Zierde im Gemüsegarten

Kann ein Gemüsegarten pflegeleicht sein?

Praktische Ratschläge

Sehr viele Gartenbücher mit ihren Hinweisen und Empfehlungen zum Gemüsebau unterstellen zu Recht, daß der Leser vor allem an praktikablen Ratschlägen zur Bewirtschaftung des eigenen Gemüsegartens Interesse zeigt und die für die Pflege benötigte Arbeitszeit dabei von geringerer Bedeutung ist, solange sie ein vernünftiges Maß nicht überschreitet. Hier ist der Nutzgarten nicht einfach nur Produktionsstätte für die Selbstversorgung, sondern wird auch zur Quelle der Entspannung und Ablenkung von den Belastungen des Alltags. Aussaat oder Pflanzung, Wildkrautentfernung oder Bodenlockerung haben hier letztlich nicht nur Bedeutung für die Erwirtschaftung ertragreicher Gemüseernten, sondern die Arbeit im Garten ist auch selbst auferlegte, freudvolle Pflicht. Große Kartoffeln oder makellose Möhren sind dann nicht allein wichtig für die Verwendung in der Küche, sondern werden auch als ein persönlicher Erfolg des kenntnisreichen, rührigen Gärtners verstanden. Oft wird vom teuren Gartengerät bis zum luxuriösen Gewächshaus angeschafft, was immer nur die Palette der Tätigkeiten im geliebten Garten erweitern kann – Gärtnern als Freizeitbeschäftigung.

Aber auch für denjenigen, der wenig Lust zur Betätigung im Garten verspürt, gibt es gute Gründe für die Anlegung natürlich bewirtschafteter Gemüsebeete:

- Gewinnung von Gemüse, das mit Sicherheit frei ist von giftigen Rückständen chemisch-synthetischer Pestizide.

■ Organisch gedüngtes, erntefrisches, lagerfähiges Gemüse von bestem Geschmack, das im Vergleich zu kunstgedüngtem oft mehr Eiweiß, Vitamin C oder Mineralstoffe wie Eisen, Kalium und Calzium enthält und weniger unerwünschtes Nitrat.
■ Keine Überdüngung des Gemüses durch mineralische Düngemittel, durch ›Kunstdünger‹; keine Auswaschung von Nährstoffen in Grundwasser und Oberflächengewässer, die dort zur *Eutrophierung* führt, zur Überversorgung des Gewässers mit Nährstoffen. In eutrophierten Gewässern vermehren sich Algen im Übermaß; der Sauerstoffgehalt des Wassers sinkt, Fische und andere Wasserbewohner ersticken – das Gewässer ist tot.

Zweifellos gehört der Gemüsegarten zu jenen Gartenelementen, die viel Pflege beanspruchen. Bodenpflege einschließlich der organischen Düngung, Säen und Pflanzen, Ernte und Verarbeitung des Ernteguts beanspruchen Arbeitszeit. Dennoch können die angeführten Aspekte Anlaß genug sein, auf die Erwirtschaftung gesunder, giftfreier Gemüseernten nicht zu verzichten. Es geht dann lediglich darum, ein günstiges Verhältnis zwischen Arbeit und Ertrag herzustellen. Dabei verdienen folgende Gesichtspunkte Beachtung:

Größe des Gemüsegartens Man legt besser wenige Gemüsebeete an, die man ausreichend bearbeiten kann, als eine große Nutzfläche, die man später nur halbherzig bewirtschaftet und vernachlässigt. Der Ertrag je qm Nutzfläche ist im kleinen, aber gepflegten Gemüsegarten größer und von besserer Qualität als im größeren, mit dessen Bewirtschaftung man sich übernommen hat, der nur unwillig bearbeitet wird und dann insgesamt doch so viel Zeit kostet wie der kleinere – die überschaubare, zu bewältigende Gemüsefläche bringt Erfolge, die vielleicht für die nächsten Jahre zur Bewirtschaftung eines größeren Areals ermutigen. – Mindestens etwa eine Arbeitsstunde je Quadratmeter und Jahr sind für die Bewirtschaftung eines Nutzgartens schon anzusetzen, der nennenswerte Ernten in guter Qualität erbringen soll. Baut man in Mischkultur an, so darf ein Gesamtertrag von etwa zwei bis vier Kilogramm je Quadratmeter gepflegter Anbaufläche als Faustregel gelten.

Wahl der Lage Der Nutzgarten braucht einen sonnigen, vollichten, windgeschützten Platz mit der besten Erde, die der Garten zu bieten hat. Die Gartengeräte, hier am häufigsten gebraucht, sollten in unmittelbarer Nähe untergebracht werden. Ist ein Wasseranschluß nicht in der Nähe, sollte man mit einem ausreichend langen Gartenschlauch jeden Fleck des Nutzgartens bequem erreichen und wässern können. Ebenso vereinfacht es die Arbeit, wenn die Kompostmiete sich in Nachbarschaft zum Nutzgarten befindet – reifer Kompost wird hier besonders häufig gebraucht. Schließlich ist ein zum Gemüsegarten führender, ausreichend breiter Weg nützlich, der auch Schubkarrentransporte zum und vom Garten ermöglicht.

Artenwahl Den Anbau im eigenen Garten lohnen nur jene Gemüsearten, für die in der Familie tatsächlich Bedarf besteht. Blättert man Saatgutkataloge durch, in denen die einzelnen Gemüsearten auf Hochglanzfotos vorgestellt werden, bekommt man schnell Lust, diese oder jene so prächtig aussehende Art zu kultivieren. Muß man später jedoch zum Beispiel Fenchel, Knoblauch oder rote Bete verschenken, weil kein Familienmitglied daran Geschmack findet, waren alle Mühen und Pflegearbeiten im Garten vergebens.

Ebensowenig darf man sich durch appetitliche Pflanzenportraits nicht von der gründlichen Überlegung abbringen lassen, welche Arten und Sorten denn für den eigenen Garten geeignet sind; die Angaben im Saatgut-Prospekt oder auf der Saatgut-Tüte sollten genau beachtet werden. Eine Pflanze, die gemäß der Standortbeschreibung einen ›vollsonnigen, warmen Platz auf sehr nährstoffreichem Boden‹ braucht, läßt sich auf einem ärmeren Boden im Halbschatten kaum mit ausreichendem Erfolg kultivieren.

Säen und Pflanzen

Wärmeliebende Pflanzen wie zum Beispiel Tomaten, Gurken oder Paprika, die erst nach den Eisheiligen (Mitte Mai) ins Freiland gesetzt werden können, sät man schon ab März/April aus und zieht sie auf der Fensterbank vor, damit sie später rechtzeitig Erträge liefern und überhaupt zur Fruchtreife kommen, bevor sich der nächste Herbst ankündigt. Zieht man selbst vor, so hat man mit Aussaat, Pikieren und mehrmaligem Umtopfen viel Arbeit, bis die Pflanzen Mitte bis Ende Mai oder, je nach Lage, erst im Juni in den frostfreien Garten ausgepflanzt werden dürfen – späte Frühjahrsnachtfröste wären ihr Tod. Die Gärtnereien ziehen jedoch Jungpflanzen vor, die man zur rechten Zeit dort kaufen kann und nur noch in den Garten pflanzen muß. Es ist empfehlenswert, beim Gärtner schon frühzeitig die gewünschte Anzahl der einzelnen Sorten zu bestellen. Man sollte auch vereinbaren, daß die Jungpflanzen bis zur Lieferung keine Schädlingsgift-Dusche erhalten dürfen.

Bei Direktaussaaten etwa von Karotten, Möhren oder Erbsen, die man selbst ins Freiland aussät, kommen die Hilfsmittel zum Einsatz, die wir im Abschnitt ›Zweckmäßige Gartengeräte‹ vorgestellt haben. Die Ausbringung sehr feiner Samen von Hand läßt sich besser dosieren, wenn das Saatgut mit feinem, trockenen Sand gemischt, griffiger gemacht wird. Bei der Vorstellung der einzelnen Gemüsearten geben wir Reihenabstände und Platzbedarf der Kulturen an. Grundsätzlich sollte man die Beeterde vor der Aussaat und Pflanzung lockern und fein krümeln.

Mühsame Pflanzenanzucht: Jungpflanzen besser beim Gärtner kaufen

Anbaumethoden

Unsere Empfehlungen zum Mulchen, zu Mischkultur, Fruchtwechsel und Pflanzenschutz sollten bei der Bewirtschaftung des Nutzgartens beachtet werden. Mischkulturen und Fruchtwechsel bringen keinen Mehraufwand bei der Gartenarbeit mit sich, sondern erfordern lediglich eine sinnvolle Organisierung des Gemüsebaus und beugen wirkungsvoll dem Massenbefall durch Schädlinge vor. – Eine Mulchschicht erspart das zeitraubende Jäten von Wildkräutern und sorgt zudem für einen ausgeglichenen Feuchtigkeitspegel des Bodens. Darüber hinaus ist die Beseitigung von Unkräutern nur dort unbedingt notwendig, wo diese in ernst zu nehmender Konkurrenz zu den Kulturpflanzen treten. Über den schönen Blütenkorb des Löwenzahns, der auf dem Weg zwischen den Beeten siedelt, kann man sich lieber freuen anstatt ihn auszureißen.

Erntequalität

Beim Gemüsehändler hält man schon unwesentlich geschädigte und angegriffene Ware für nicht kaufwürdig und greift nur zum einwandfreien Gemüse oder Obst. Bei der giftfreien Ernte aus dem eigenen Garten kommt es darauf weniger an: Makelloses Gemüse ohne jede Spur von Erkrankung und Schädlingsbefall ist zwar wünschenswert und bei ausreichender Pflege auch die Regel; dennoch sollte man leicht angegriffenes Erntegut nicht wegwerfen. Man brächte sich unnütz um einen Teil der Erträge, wenn man auf das gesunde Gewebe des beschädigten Gemüses verzichten wollte. Wann immer das Erntegut durch Schädlinge nur geringfügig angegriffen wurde, ohne Geschmacksverlust und ohne Gefährdung für den Verbraucher, lohnt es sich, die schadhaften Stellen herauszuschneiden und das gesunde Fleisch zu verwenden.

Auswahl der Gemüsesorten

Wir stellen nun die wichtigsten Gemüsearten vor, die sich in der Hausgarten-Kultur bewährt haben. Im Rahmen dieses Buchs können wir auf die vielen hundert Sorten der einzelnen Arten nicht eingehen; der Saatguthandel berät über die charakteristischen Vorzüge und Nachteile spezieller Sorten und über ihre Ansprüche an den Standort. – Hinsichtlich des Platzbedarfs steht nun ›RA‹ für den erforderlichen Abstand der Reihen in cm, ›PA‹ für den Abstand der Pflanzen in der Reihe in cm, ›KD‹ steht für Kulturdauer in Wochen. Für die *Reihenmischkultur* ergibt sich der durchschnittliche Reihenabstand als Summe der halben Reihenabstände zweier Arten: Hälfte des für eine Art angegebenen Reihenabstands zuzüglich der Hälfte des für die zweite Art angeführten Reihenabstands = Abstand der Mischkulturreihen voneinander. – Alle Angaben sind Durchschnittswerte, die je nach Boden- und Standortverhältnissen, Klima und Sorte, Düngung und Pflege veränderlich sind:

Gemüsekulturen

Bohnen

Buschbohnen (PA 10, RA 40, KD 10 Wochen) wachsen etwa einen halben Meter hoch. Auspflanzung bei Vorkultur auf der Fensterbank ab Ende April oder Freilandaussaat erst nach den Eisheiligen Ende Mai auf lockeren, im Vorherbst mit vollreifem Kompost gedüngten, warmen Boden. – Die bis zu rund zweieinhalb Meter hoch wachsenden *Stangenbohnen* (PA 60, RA 80 – 100, KD 16 – 20 Wochen) plaziert man auf der Nordseite der Anbaufläche, damit andere Pflanzen nicht beschattet werden. Stangenbohnen sind sehr wärmebedürftig; vollsonniger Standort auf vorjährig organisch gedüngtem Boden. Jede Pflanze braucht einen windstabilen Dreibock oder eine ausreichend tief eingegrabene Bohnenstange (Bambus, Dachlatte), an der sie hochranken kann. Nach den Eisheiligen Freilandaussaat von etwa 5 Samen, die 2 – 3 cm tief in einem Kreis um die Bohnenstange herum ausgelegt werden; nach Bildung der ersten Blätter beläßt man nur eine Pflanze, die schwächeren werden entfernt. Es gibt mehrere für das Tiefgefrieren geeignete Busch- und Stangenbohnensorten. – *Dicke Bohnen* sind weitaus robuster, ertragen sogar geringen Nachtfrost (PA

Gemüsegarten in Reihenmischkultur: Möhren und Zwiebel, mit roter Bete kombiniert

20 – 30, RA 50, KD 14 – 18 Wochen). Freilandaussaat ab März 3 cm tief auf einen im Vorherbst gedüngten Boden. Dicke Bohnen (auch *Sau-* oder *Puffbohnen* genannt) sind getrocknet lange lagerfähig. – Bei allen Bohnen erzielt man Ertragserhöhung, wenn man zur Haupterntezeit zwei- bis viertägig die jeweils reifen Hülsenfrüchte pflückt.

Endivien

Für die Herbsternte Freilandaussaat bei Temperaturen um 20 Grad C in der zweiten Junihälfte auf warmen, organisch grundgedüngten Standorten (PA 30, RA 30, KD 18 – 20 Wochen). Stets für Feuchtigkeit sorgen, zeitweilig auf trockenem Boden gezogene Pflanzen schmecken besonders bitter und streng. Die oft gewünschte Bleichung der inneren Blätter unterstützt man durch das Zusammenbinden der äußeren Kopfblätter abgetrockneter, nicht regennasser Pflanzen.

Erbsen

Von *Schalerbsenpflanzen,* auch *Palerbsen* genannt, gewinnt man trocknungsfähige, lange haltbare Trockenerbsen. Nicht für die Lufttrocknung geeignet sind die zarten *Zuckererbsen,* die man mit ihrer Hülse essen kann. Gut für das Tiefgefrieren eignen sich die oft ebenfalls süßlichen, runzelig werdenden *Markerbsen.* Aussaat von Schalerbsen ab März, Markerbsen und Zuckererbsen erst im April auf sonnigen, kalium- und phosphatreichen, eher trockenen und kalkhaltigen, gelockerten Boden. Pflanzen als niedrige Busch- oder halbhohe Reisererbsen, die in den Boden gesteckte Zweige als Stütze brauchen. Auch hochwüchsige, zwei Meter und mehr erreichende Formen, denen man ein senkrechtes Kletternetz bieten sollte. PA 3–5, RA 40–60, KD 10–12 Wochen.

Fenchel

Der Knollenfenchel stammt aus dem mediterranen Gebiet. Aussaat oder Pflanzung für die Herbsternte meist im Juli (PA 25, RA 30, KD 14–18 Wochen). Sonnig warmer, auch feuchter Standort; nährstoffreicher, auch kalkhaltiger Boden. Tiefkühlgeeignete Sorten.

Gurken

Sehr wärmebedürftig und deshalb kaum rentabel auf Arealen, die sich erst im späten Frühjahr ausreichend erwärmen. Nur für die Freilandkultur hinreichend geeignete Sorten wählen. Jungpflanzen beim Gärtner kaufen. Auspflanzung im Mai oder im Juni, wenn die Temperaturen nicht mehr unter rund 10 Grad C fallen. Warmer, tiefgründiger, sehr nährstoffreicher, mit viel reifem Kompost oder verrottetem Mist gedüngter Boden, der stets leicht feucht gehalten wird. Eventuell durch vorjährige Aufkalkung auf pH 6–6,5 bringen. Zu spät geerntete Gurken werden leicht bitter; deshalb besser frühe Ernte, wenn auch mit geringerem Ertrag – die Ranken der Gurkenpflanze dürfen bei der Ernte nicht beschädigt werden. Ein- bis zweiwöchige Frischlagerung bei etwa 10 Grad C ohne Substanzverlust möglich. – Sorten als kleinere Einlege- und größere Salatgurken. – Insgesamt ist die Gurkenkultur in unseren Breiten unter Glas effektiver – der Gurken-Freilandanbau in klimatisch nicht bevorzugten Gebieten lohnt deshalb nicht immer. PA 40, RA 80, KD 14 Wochen und länger.

Karotten und Möhren

Aussaat ab März direkt ins Freiland; PA 4–5, RA 20–30, KD 10–18 Wochen. Gedeiht auf lehmigen Böden wie auch auf eher sandigen, sogar nur mäßig nährstoffhaltigen Böden; trotzdem ist die vorherige Aufarbeitung der Anbaufläche mit reifem Kompost zweckmäßig. Viele frühe und späte, auch für das Tiefgefrieren geeignete Sorten. Später Saattermin Mitte Juni beugt Schädigungen durch die erste Jahresgeneration der Möhrenfliege vor, die vor allem im Mai und frühen Juni ihre Eier am Wurzelhals der Möhren ablegt.

Kartoffeln

Setzkartoffeln später Sorten für die Ernte im Oktober pflanzt man im Mai, frühe Kartoffelsorten – im Garten ggf. sogar unter Folienschutz – für die Sommerernte schon im April; Vorkeimung ab Februar in einem frostsicheren und hellen Raum verfrüht die Ernte. – Vor der Ausbringung der Setzkartoffeln Bodendüngung mit Kompost, der noch nicht einmal vollreif sein muß, oder mit angelagertem Mist. Gute Erträge vor allem auf schwach sauren, lockeren, immer etwas feucht gehaltenen Böden. Nach dem Auflaufen der Keimknollen anhäufeln. – Erste Ernte bereits nach der Blüte möglich; Haupternte erst, wenn das Kartoffelkraut gelb wird. Frühkartoffeln eignen sich nur für den Frischverbrauch; spätere Sorten kann man günstig bei Temperaturen zwischen 4 und 6 Grad C lagern. PA 60, RA 60–70, KD 16–18 Wochen.

Knoblauch

Wichtiger Partner in der Mischkultur; als Würze zudem für viele Gerichte unentbehrlich. Braucht einen warmen, sonnigen

Standort auf sandigem, trockenem Boden. Einzelne Zehen der Knoblauchknolle werden etwa 3 cm in den Boden gesteckt. Pflanzung ab April; Ernte der aus den Zehen gebildeten Knollen, wenn das bis zu rund 50 cm hohe Kraut zu welken beginnt. Knollen bei Zimmertemperatur lange lagerfähig. PA 10 – 15, RA 20, KD 16 – 20 Wochen.

Kohlgewächse

Setzlinge beim Gärtner kaufen. Dic Kohlarten sind *Starkzehrer,* die einen nicht zu warmen, zum Teil auch halbschattigen Platz auf einem humosen, sehr nährstoffreichen, mit reifem Kompost oder verrottetem Mist gedüngten Boden bevorzugen; gute Wasserversorgung. Der pH-Wert sollte nicht unter etwa 6,5 liegen; ggf. im Vorherbst aufkalken.

Blumenkohl: PA 50, RA 50, KD 12 – 16; Pflanzung April – Juli.

Grünkohl: PA 60, RA 50, KD 15 – 18; Pflanzung Juni – Juli.

Kohlrabi: PA 30, RA 30, KD 10 – 14; Pflanzung April – Juli.

Rosenkohl: PA 60, RA 50, KD 18 – 22; Pflanzung Mai.

Rotkohl: PA 60, RA 50, KD 14 – 22; Pflanzung April – Juli.

Weißkohl: PA 60, RA 50, KD 14 – 22; Pflanzung April – Juli.

Bei Rot- und Weißkohl bietet sich vor allem die Kultur früher Sorten an; späte kann man im Herbst ohnehin überall sehr preisgünstig kaufen. – Grünkohl läßt man zweckmäßig bis zu den ersten Frösten stehen; Frost verbessert nämlich seinen Geschmack.

Lauch, Porree

Für gute Erträge braucht Porree humose, nährstoffreiche, reichlich organisch gedüngte, feuchte Böden; eine übermäßige Stickstoffdüngung jedoch beeinträchtigt den Geschmack. *Herbstlauch* im März/April säen, Ernte von September bis in den November hinein; *Winterlauch* im Mai und Juni säen, vor dem Frühling des folgenden Jahres ernten. Mehrmaliges Anhäufeln während der Kulturzeit hält den Porreeschaft hell und lang. PA 10 – 20, RA 30, KD mindestens 20 Wochen.

Mais

Zuckermais-Setzlinge beim Gärtner kaufen; sonst selbst ab April Pflanzen auf der Fensterbank vorziehen. Auspflanzung im Mai und Juni nach den letzten Nachtfrösten. Der gut zwei Meter und mehr erreichende Zuckermais gehört auf die Nordseite der Beete, damit er andere Pflanzen nicht vollständig beschattet. Warmer, tiefgründiger Boden; mit reifem Kompost vorgedüngt. Zuckermais wird in der sogenannten *Milchreife* geerntet – die Maiskörner geben dann schon bei leichtem Druck Flüssigkeit ab. PA 30, RA 40, KD 14 – 18 und mehr.

Mangold

Die Anbaufläche wird zuvor mit reichlich organischem Dünger angereichert; Kompost und Mist sollten vollständig verrottet sein. Warmer, nicht zu trockener Boden. – Man profitiert sehr lange von den Pflanzen, wenn man immer nur die jeweils äußeren Blätter erntet und die Mangold-Herzen unversehrt läßt. PA 30 bei *Stielmangold,* noch geringerer Abstand bei *Schnittmangold;* RA 25 – 30, KD 12 – 14 und länger.

Meerrettich

Für die Gartenkultur der ausdauernden Pflanze braucht man Nebenwurzelstücke einer älteren Meerrettichstaude. Diese sogenannten *Fechser* sollten etwa 20 cm lang und rund 1 cm dick sein. Man schneidet an ihrer Oberfläche alle Triebe bis auf einen ab und legt die Stangen im März in etwa zehn cm tiefe Pflanzfurchen des zuvor aufbereiteten, gelockerten Bodens; dann werden die Furchen locker verfüllt. Von den schon nach wenigen Wochen ausgebildeten Blatttrieben läßt man nur jeweils die Haupttriebe stehen; die anderen werden entfernt. – Im Juni oder Juli werden die Wurzelstangen ausgegraben, von den gebildeten Seitenwurzeln nur die basalen belassen, alle anderen abgerieben. Die dann wieder eingepflanzten Stücke wachsen bis Oktober/November zu kräftigen Meerrettich-Stangen heran, die auch den Winter über geerntet werden können. – PA 40, RA 70, KD 30 Wochen und länger.

Radieschen und Rettich

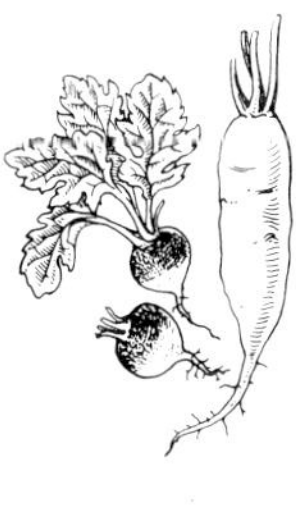

Radieschen ab März/April ins Freiland säen; Ernte 5–8 Wochen später. *Sommerrettich* von April bis Juni, *Winterrettich* im Juni und Juli säen. *Radieschen* PA 4–5, RA 20, KD 5–8 Wochen; *Rettich* PA 10–15, RA etwa 25, KD bis zu 12 Wochen; *schwarze Winterrettiche* können noch im November geerntet werden. Sonnige Standorte auf lockeren, nährstoffreichen, feuchten Böden – auf trockenem Boden werden Radieschen- und Rettichwurzeln schnell holzig, bei reichlicher Wässerung nach Austrocknung reißen sie auf. – Nur Winterrettiche sind leidlich lagerfähig; besser frisch essen.

Rhabarber

Neue Rhabarberpflanzen gewinnt man durch Wurzelteilung von älteren, gut entwickelten Pflanzen. Gedeiht mehrjährig auf halbschattigen wie auch sonnigen Standorten. Tiefgründiger, humoser, nährstoffreicher Boden, den man jeweils im Herbst mit reichen Gaben reifen Komposts oder verrotteten Stallmists düngt. Einzelne Rhabarberpflanzen kann man vorteilhaft auch in der Uferregion des Gartenteichs setzen, wo sie ausreichend befeuchtet werden und mit ihrer großflächigen Beblätterung schattige Verstecke für die Teichfauna bilden. Die Stengel der ab April austreibenden Blätter werden vor der Blüte Ende Mai, manchmal auch noch im Juni abgedreht oder ausgebrochen – einige Blattstiele sollte man belassen, damit die Pflanze sich in der restlichen Vegetationsperiode wieder erholen kann. Die Rhabarberstiele eignen sich nicht zur Frischlagerung; besser gleich zu Kompott oder Marmelade verarbeiten. PA 100, RA 80 – 100, KD mehrjährig.

Rote Bete

Gedeiht auf schweren Böden besser als auf leichten; heller, aber nicht vollsonniger Standort auf stets etwas feucht gehaltenem Boden. Vor der Saat vollständig verrotteten Kompost einbringen. Freilandaussaat etwa 2 cm tief, nicht vor Mitte April; Jungpflanzen sind gegen Frost empfindlich. Rote Bete sind nicht für das Tiefgefrieren geeignet; die im Herbst geernteten Rüben sind jedoch in kühlen und frostsicheren Räumen monatelang lagerfähig. PA 10 – 20, RA 30 – 40, KD 16 – 20 Wochen.

Salat

Salate gedeihen besonders gut auf humosen und stets etwas feuchten Böden, die man vor der Kultur mit reifem Kompost aufarbeitet. Sonnige Standorte. – Aussaat von *Kopfsalat* in verschiedenen Sorten ab März bis Juli; PA 30, RA 25 – 30, KD 6 Wochen und länger. – *Eissalat* und *Bindesalat* ab April aussäen; PA 30 – 35, RA 30 – 40, KD etwa 8 – 12 Wochen. *Pflück*- und *Schnittsalat* ab April ins Freiland säen. Beim *Schnittsalat* wird später die ganze Pflanze knapp über dem Boden abgeschnitten; beim *Pflücksalat* werden von unten nach oben die größten Blätter um den Stengel herum gepflückt. PA je nach Sorte 5 – 20, RA 25 – 30, KD ab 6 Wochen. – Der *Feldsalat* gehört nicht wie die vorgenannten Salate zur Familie der Korbblütler, sondern ist ein *Baldriangewächs (Valerianaceae).* Mit seinem Vitamin- und Mineralstoffgehalt ist er den anderen Salatarten weit überlegen. Gedeiht auch im Halbschatten. Vor der Kultur vollständige Entfernung von Wildkräutern auf der Anbaufläche. Aussaat von Juli bis September. PA 2 – 5, RA 10 – 15, KD 6 – 12 Wochen.

Sellerie

Knollensellerie wird bereits ab Februar/März vorgezogen; Setzlinge ab Ende Mai beim Gärtner kaufen. Empfindliche Pflanzen; nur für warme, nährstoffreiche, gut bewässerte Böden geeignet. Vor der Kultur reichliche Düngung mit vollständig reifem Kompost, mit Holzasche anreichern. Frostempfindlich; spät, aber vor den ersten Frösten ernten. PA 40, RA 40, KD etwa 20 Wochen und länger.

Spinat

Sein hoher Inhaltswert macht Kinder trotzdem meist nicht geneigter, Spinat zu mögen – allein der Gehalt an Vitamin C ist etwa so hoch wie in Zitrusfrüchten. Bestens geeignet für die Tiefkühlkonservierung. Langtagspflanze, die bei Sommer-Tageslängen Blüten bildet – Aussaat vor Mai oder im August und September. Überwinternden Spinat nicht im Herbst durch Ernteschnitt schwächen. Gedeiht auf nahezu jedem Gartenboden; Kompostdüngung vor der Kultur. PA 5, RA 20, KD 12 Wochen und länger.

Tomaten

Tomatenpflanzen müssen bereits ab März vorkultiviert werden; junge Pflanzen beim Gärtner kaufen und ab Ende Mai ins Freiland pflanzen. Warmer, vollsonniger Standort, etwa an einer Hauswand, die vor kalten Winden schützt. Humoser, sehr nährstoffreicher Boden; mit reichlichen Mengen vollreifem Kompost vorgedüngt. Für gleichmäßigen Feuchtigkeitspegel sorgen; bei trockenem Wetter regelmäßig den Boden wässern. In einem nassen Sommer muß man Tomaten jedoch mit Folien vor Regen schützen. – Fruchtfolge nicht notwendig; sie gedeihen über Jahre bestens am selben Platz, der aber jeweils vor der Kultur mit organischem Dünger aufgearbeitet wird. In der Wachstumsphase bis zum Spätsommer regelmäßig die Achseltriebe ausgeizen. Die Pflanzen brauchen Stützstäbe, an denen sie eintriebig aufgeleitet und festgebunden werden; lediglich bei *Buschtomaten* ist eine Stützhilfe oft nicht erforderlich. – An geeigneten, warmen Standorten gehören Tomaten zu den

ergiebigsten Gemüsepflanzen des Hausgartens – PA etwa 60; RA 60; die kleinen *Cocktailtomaten* kann man noch enger pflanzen. KD 20 Wochen und länger.

Zucchini

Beim Gärtner gekaufte Setzlinge nach den letzten Frösten ab Ende Mai pflanzen, oder dann direkt ins Freiland aussäen. Warmer, sonniger Standort auf sehr nährstoffreichem Boden, der vor der Kultur reichlich mit – auch nicht vollständig reifem – Kompost oder mit Stallmist gedüngt wird. Bei Trockenheit regelmäßig ausgiebig wässern. Reifende Früchte auf feuchtem Boden durch Unterlegen von Holzwolle oder trockenem Stroh vor Fäulnis schützen. Ertragserhöhung durch regelmäßige Ernte jüngerer, höchstens 20 cm langer Früchte ab Juli. Sehr ergiebige Gemüseart; schon ein bis zwei Pflanzen bringen kiloweise Erträge. Im kühlen Keller sind die im Herbst vor den ersten Frösten geernteten Zucchini wochenlang lagerfähig; verarbeitetes Fruchtfleisch eignet sich bestens für die Tiefkühlkonservierung. PA 80 – 100, RA 100 – 120, KD 16 Wochen und länger.

Zwiebeln

Einfach und pflegeleicht gewinnt man *Küchenzwiebeln* für die Ernte ab Juli/August aus den im Handel erhältlichen, kirschgroßen *Steckzwiebeln,* die im März/April in den Gartenboden gesteckt werden. Die Ernte beginnt, wenn das Zwiebelkraut welkt. – Zwiebeln bevorzugen warme, eher trockene und leichte Böden; in einem nassen Sommer faulen sie schnell. Für Küchen- aus Steckzwiebeln PA 10, RA etwa 20 – 30, KD 16 Wochen und länger.

Roter Fingerhut *(Digitalis purpurea)*

Kräutergarten

Einen der wichtigen für die Kräuterkultur sprechenden Gründe haben wir im Abschnitt ›Pflanzenkombinationen‹ bereits angeführt: Die Verwendung von Kräutern als Repellenten in der Mischkultur. Aber auch als Würzmittel oder Salat, als herausragende Duft- und Blütenpflanzen und als Tee- und Heilpflanzen haben Kräuter besondere Bedeutung.

Gerade der letztgenannte Aspekt, die Nutzung mancher Kräuter als Heilpflanzen, findet zur Zeit wieder besondere Beachtung. Man besinnt sich auf Erfahrungen und Rezepte, die zum Teil schon im Mittelalter bekannt waren, und die Jahrhunderte später nicht mehr von Nutzen zu sein schienen, nachdem man hochwirksame synthetische Medikamente entwickelt hatte. – Diese Wiedergeburt der Heilkräuter-Gläubigkeit wird jedoch rasch bedenklich, wenn man Heilkräuter aus dem eigenen Garten zur Selbstbehandlung einsetzt. Heilpflanzen gehören ebenso in die Hand von Arzt und Apotheker wie unsere modernen, chemisch-synthetischen Medikamente. Sie sind nicht etwa weniger gefährlich oder frei von Nebenwirkungen, nur weil sie natürlichen Ursprungs sind.

Das vor rund 450 Jahren geprägte Wort des deutschen Arztes und Philosophen Paracelsus von Hohenheim ist auch heute gültig:

»Alle Dinge sind Gift,
und nichts ist ohne Gift.
Allein die Dosis macht,
daß ein Ding kein Gift ist.«

Im Hausgarten beschränkt man sich also besser auf die Verwendung von Kräutern als Nachbarn in der Mischkultur, als Duftspender mit zum Teil prächtigen Blüten, die für die Ernährung vieler Insekten sehr wertvoll sind, und auf die Verwendung als Würze. – Obwohl in der botanischen Nomenklatur als ›Kräuter‹ nur unverholzte, in ihrem Lebensablauf nur einmal zu Blüten- und Samenreife kommende und dann absterbende Pflanzen verstanden werden, umfaßt der Begriff in der Umgangssprache auch ausdauernde Heil- und Würzpflanzen.

Kräuterhochbeet: Sonne und Schatten für die Pflanzen

Für den pflegeleichten Garten bietet sich gerade die Pflanzung der ausdauernden Stauden und Kleinststräucher an, wenn man Kräuter über die Verwendung als Mischkultur-Partner hinaus in einem separaten Kräutergarten anbauen möchte. Notwendige Pflegearbeiten beschränken sich dann auf den Rückschnitt starkwüchsiger Pflanzen, die Entfernung abgestorbener Teile im Frühjahr und auf die Beseitigung von Wildkräutern, falls diese die Kulturkräuter in ihrer Entfaltung behindern – *Wildkräuter* als *Unkräuter* gegen *Küchenkräuter* als *Kulturkräuter*... Die nicht ausdauernden, ein- und zweijährigen Pflanzen hingegen muß man alljährlich entfernen, wenn sie mit Ablauf ihres Lebenszyklus absterben.

Einige Kräuterarten brauchen eher frische, sogar feuchte Standorte. Die meisten der wichtigen Arten aber bevorzugen vollsonnige Plätze auf leichten, sandigen, warmen und trokkenen, zum Teil auch kalkhaltigen Böden; sie blühen und duften dort reicher als auf eher nährstoffreichen, vor allem mit Stickstoff überdüngten Böden. Den unterschiedlichen Ansprüchen der Kräuter kann man zum Beispiel mit einem *Hochbeet* von etwa 60–80 cm Höhe und mit beliebiger Grundfläche genügen. Die Wärme, Sonne und Trockenheit liebenden Arten pflanzt man in einen mit magerem, sandigem Boden gefüllten Trog; die Feuchtigkeit und weniger sonnige, gar schattige Standorte vertragenden Kräuter plaziert man außerhalb des Trogs, an den Mauerfundamenten der Nord- und Ostseite. – Auch in einer *Pflanzenspirale* kann man günstige Wachstumsbedingungen für die einzelnen Arten schaffen: Aus Natursteinen setzt man nach Vorbild der Schneckengehäuse eine zum Zentrum hin an Höhe gewinnende Spirale. Den Raum zwischen den steinernen Spirallinien füllt man mit für die jeweiligen Arten vorteilhaften Substraten – am Fuße, an der Spiralöffnung, schüttet man humose, die Feuchtigkeit haltende Gartenerde auf; das Spiralzentrum auf dem Gipfel des gut ein Meter hohen Bauwerks wird mit magerem, sandigem Boden verfüllt. Den Spiralraum vom feuchten Tal bis zum trockenen Gipfel schüttet man mit unterschiedlichen Bodenmischungen auf, die nach oben hin, in Richtung des Spiralzentrums, ärmer, trockener, sandiger werden. Entsprechend plaziert man die Kräuter: Die den feuchten Boden liebenden Arten setzt man auf den Spiralanfang, leitet über zu den nur frischen und fast trockenen Boden bevorzugenden Arten, bis schließlich die für warme, trockene Böden prädestinierten Arten auf dem Spiralgipfel gesetzt werden. In der Tat verlangt der Aufbau von Hochbeet oder Spirale zunächst nach einem immensen Arbeitseinsatz im Hausgarten; zweifellos lohnt jedoch die breite Palette der hier gedeihenden, duftenden Kräuter die Mühen.

Den besten Platz findet der Kräutergarten in nächster Nähe zur Küche: Beim Kochen macht ein weiter Weg zum Kräutergarten geneigt, zum Streuer mit der Trockenwürze zu greifen, anstatt das Quentchen des benötigten Gewürzes frisch aus dem Garten zu holen.

Auf den folgenden Seiten stellen wir die wichtigsten Kräuter mit ihren Standortansprüchen vor:

Ein- und zweijährige Kräuter

Die meisten hier angeführten Arten sind einjährige Kräuter oder können zumindest in unserem Klima nur einjährig kultiviert werden; die Zweijährigen sind gekennzeichnet. *Lichtkeimer* brauchen für das Aufgehen der Saat Licht; die Samen werden nicht oder nur sehr dünn mit Erde bedeckt.

Basilikum	*(Ocimum basilicum)* Mitte Mai ins Freiland säen. Windgeschützter Standort auf warmen, sandigen Böden. Auf etwa 30 × 20 cm vereinzeln. Die für die Trocknung geeigneten Blätter kurz vor der Blüte schneiden.
Bohnenkraut	*(Satureja hortensis)* im Mai auf warmen Boden säen. Auf 25 × 15 cm ausdünnen. Lichtkeimer.

Borretsch

(Borago officinalis) wird von April bis Juni auf sonnigem bis halbschattigem, auch frischem Standort ausgesät. Platzbedarf etwa 30 × 25 cm. Wenige der wüchsigen Pflanzen genügen. Nach der Blüte Früchte abschneiden, sonst unliebsame Verbreitung im Garten.

Dill

(Anethum graveolens) gedeiht auf frischem, humosem Boden. Aussaat ab April, auf 30 × 25 cm bringen. Blätter getrocknet und frisch zu verwenden, Blüten vor allem zu Einleggurken und für Kräuteressig.

Dillblüte

Kapuzinerkresse	*(Tropaeolum majus)* von Mitte Mai bis Juni in das Freiland aussäen. Gedeiht auf sonnigem bis halbschattigem Standort auf nicht zu trockenen, nährstoffreicheren Böden. Platzbedarf etwa 60×60 cm. Blätter zur Salatbereitung kurz vor der Blüte schneiden.
Kerbel	*(Anthriscus cerefolium)* ab Ende März auf sonnigen bis halbschattigen Platz auf nie ganz trockenem Boden. 20×30 cm. Lichtkeimer. Blätter vor dem Erscheinen der Blüte schneiden; Frischverwendung.
Kümmel	*(Carum carvi)* wächst zweijährig und ist bei uns heimisch. Freilandaussaat ab Anfang April, auf etwa 30×20 cm vereinzeln. Lichtkeimer. Feuchter, halbschattiger bis sonniger Platz. Im Sommer des zweiten Kulturjahres erntet man die dann sich braun verfärbenden Früchte.
Majoran	*(Majorana hortensis)* leitet über zu den ausdauernden Pflanzen: In seiner mediterranen Heimat wird er mehrjährig, bei uns meist einjährig gezogen. Ab Mitte Mai auf warmem, eher leichtem Boden säen. Lichtkeimer. Platz etwa 20×20 cm.
Petersilie	*(Petroselinum crispum)* gedeiht zweijährig. Aussaat ab März in Reihen mit 25 cm Abstand. Gedeiht auf fast jedem Boden, bringt aber auf frischen, nährstoffreicheren Böden bessere Ernten. Blätter zur Frischverwendung oder für die Tiefkühlkonservierung geeignet.
Ringelblume	*(Calendula officinalis)* ab Mai auf 20×20 cm aussäen. Warmer, frischer, halbschattiger bis sonniger, auch kalkhaltiger Standort. Bedeutung als Partnerpflanze in der Mischkultur und als Heilpflanze; als Küchenwürze nicht tauglich.

Studentenblume	*(Tagetes spec.)* von März bis Mai aussäen auf sonnigen bis halbschattigen Standort. Gedeiht auch auf sandigen, trockeneren Böden. – Kein Heil- und Küchenkraut, aber wichtiger Repellent in der Mischkultur. Wirksam sind nur die meist langstieligen, sehr unangenehm riechenden Sorten.

Stauden und Kleinststräucher

Beifuß	*(Artemisia vulgaris)* ab März an sonnigem Standort auf nährstoffreicherem, auch kalkhaltigem und nicht zu feuchtem Boden aussäen. Lichtkeimer. Vereinzeln auf mindestens 40×40 cm. Verwendung von frischen, vor der Blüte geschnittenen und luftgetrockneten Blättern; auch junge Blüten werden als Küchenwürze genutzt. Die Staude wächst etwa 150 cm hoch.
Estragon	*(Artemisia dracunculus)* ab Mai auf warmem, lockerem und feuchtem, nährstoffreichem Boden säen oder pflanzen. Lichtkeimer. Vereinzeln auf etwa 40×40 cm. Die frostharte Art erreicht leicht eine Höhe von einem Meter und mehr. Die als Gewürz verwendeten Blätter und Triebspitzen sollten frisch verbraucht werden; trockene Blätter haben weniger Aroma.
Lavendel	*(Lavandula angustifolia)* gedeiht auf warmen, sonnigen Plätzen auf mageren, sandigen, kalkhaltigen Böden. Freilandaussaat ab Mai; später auf 40×40 cm vereinzeln. Lavendel wird rund einen halben Meter hoch. Die getrockneten, kurz vor dem Aufbrechen der Triebknospen geschnittenen Blätter des Halbstrauchs werden, mit Wacholder gemischt, zum Räuchern von Fisch und Fleisch benutzt.

Liebstöckel	*(Levisticum officinale)* ist eine bis zwei Meter hoch wachsende, frostharte Staude. Ab Mitte April im Halbschatten auf bevorzugt lehmigen, feuchten Boden säen. Verwendung der frischen und getrockneten Blätter; auch die zerriebene Wurzel wird als Gewürz gebraucht. Platzbedarf etwa 50 × 50 cm.
Origano	*(Origanum vulgare)* wird auch *Dost* genannt. Aussaat ab März; Samen müssen zuvor Kältereiz bekommen haben. Sonniger Standort auf warmen, eher mageren, kalkhaltigen, trockenen Böden. Die bis zu 60 cm hohen, bei uns heimischen Stauden auf etwa 50 × 50 cm vereinzeln. Blätter frisch oder getrocknet als Teiggewürz; Ernte der Seitentrieb-Blätter zur Blütezeit.
Pfefferminze	*(Mentha x piperita)* ist ein *steriler Tripelbastard,* eine unfruchtbare Kreuzung aus drei Wildminzenarten, und kann deshalb nicht durch Samen, sondern nur vegetativ durch Ausläufer oder Wurzelstockteilungen vermehrt werden. Das im Handel angebotene Saatgut stammt oft von einer der Wildminzen, deren Blätter ebenfalls als Tee zubereitet werden können; der Tee der Kreuzungs-Pfefferminze ist jedoch aromatischer. Platzbedarf der bis zu einem Dreiviertelmeter hohen Stauden etwa 50 × 50 cm. Feuchter bis nasser Standort auf nährstoffreichem Boden. Höchstes Blattaroma bei Ernte kurz vor der Blütezeit. Die Wildarten sind Lichtkeimer.
Rosmarin	*(Rosmarinus officinalis)* ist ein in Südeuropa heimischer, immergrüner, gut einen Meter und höher wachsender Strauch. Braucht bei uns Winterschutz. Kultur im Topf mit trockenem, sonnigem,

warmem Sommerplatz im Freiland zweckmäßig; im hellen Raum bei etwa 10–15 Grad C überwintern. Sandiges, durchlässiges, mageres Topfsubstrat. Verwendung von Blüten und Blättern als Fleisch- und Fischwürze; in luftdicht verschlossenen Gefäßen im Dunkeln ohne Aromaverlust lange lagerfähig.

Salbei	*(Salvia officinalis)* stellt die gleichen Ansprüche an Boden und Klima wie Rosmarin und sollte gleichfalls im Topf mit Winterschutz kultiviert werden. Bis zu etwa 80 cm hoher, in Dalmatien heimischer Halbstrauch. Die Blätter nutzt man als Gewürz bei Salaten, Fleisch- und Fischgerichten.
Schnittlauch	*(Allium schoenoprasum)* wird im März und April gesät. Die bis zu 50 cm hohen Pflanzen erweitern sich durch die Bestokkung mit Tochterzwiebeln. Heller Standort auf feuchten, lehmigen, nährstoffreichen Böden. Die röhrigen, tiefgefriertauglichen Oberblätter kann man zwei- bis dreimal jährlich schneiden. Schnittlauchgruppen auf Inseln von etwa 25×25 cm ausdünnen.
Thymian	*(Thymus vulgaris)* ist ein kaum 25 cm Wuchshöhe überschreitender Halbstrauch für warme, trockene, kalkige Böden. Von Mai bis Juni aussäen; später auf etwa 20×20 cm vereinzeln. Die kurz vor der Blütezeit zu erntenden Blätter eignen sich als Würze für Gemüsesuppen und Kartoffelspeisen wie für Fleisch- und Geflügelgerichte.
Wermut	*(Artemisia absinthum)* wurde bereits im Abschnitt ›Pflanzenschutz‹ erwähnt. Wichtige Schutzpflanze vor allem gegen

Schadinsekten, die aber gleichfalls nächste Pflanzennachbarn im Wachstum hemmt und deshalb im größeren Abstand gepflanzt werden sollte. Aussaat im warmen Frühjahr schon ab April auf trockene, sandige, auch kalkhaltige Böden. Platzbedarf bis zu 80 × 80 cm.

Zitronenmelisse *(Melissa officinalis)* erreicht eine Wuchshöhe von 75 cm und mehr. Die wärmeliebende Staude gedeiht auf sonnigen, nie ganz austrocknenden, nährstoffreichen Böden. Aussaat im warmen Frühling auch schon im April, sonst im Mai und Juni; auf etwa 40 × 40 cm vereinzeln. Lichtkeimer.

Ernte und Konservierung

Die rationelle Bewirtschaftung eines Nutzgartens umfaßt nicht nur die gärtnerische Pflege der Anbaufläche, sondern schließt auch die effektive Einbringung und Konservierung des Ernteguts ein. Wir möchten, ein wenig vereinfacht und schematisiert, die Vorzüge und Nachteile von zwei Erntemethoden mit fließendem Übergang umreißen:

Etappenernte nennen wir die Einbringung kleinerer Ernten für den Tagesbedarf der Familie, für den Verzehr am Erntetag. Die Etappenernte sichert innerhalb eines praktikablen Zeitraums ständig gartenfrische Erträge und schließt einen Substanzverlust des Ernteguts durch Verarbeitung und Lagerung aus. Sie bietet sich aber nur an, wenn auf der Anbaufläche keine weiteren Folgesaaten oder -pflanzungen geplant sind und Wetterunbilden nicht verhindern, die Gemüseart auf dem Areal zu belassen. Beispiel Herbsternte: Ist ein Gemüse nach einem günstigen Sommer im frühen Oktober schon hinreichend gewachsen und aromatisch, kann man es jedoch auch unter weiterem Substanzgewinn bis zu den ersten Frösten auf dem Freilandboden belassen, so ist eine wochenlange Versorgung mit Tagesmengen von erntefrischem Gemüse gesichert. Meist stellt man die durchgehende Frischversorgung im Gartenjahr schon durch zeitlich gestaffelte Aussaat und Pflanzung von frühen, mittleren und späten Sorten sicher. Andererseits muß man jedesmal von neuem ansetzen, die Teilernte aufzubereiten, das Gemüse zu putzen, zu waschen und das Kochgemüse gar zu kochen.

Die *Abräumernte* dagegen macht Folgesaaten der für die gesamte Anbaufläche vorgesehenen Folgegemüse und die Verarbeitung des gartenfrischen Ernteguts für die Langzeitkonservierung etwa durch Einkochen oder Tiefgefrieren effektiver. Man räumt zum durchschnittlich günstigen Erntetermin alle Pflanzen ab und bereitet sie für die Lagerung oder Konservierung vor; auch jene einzelnen Gemüsepflanzen, die weniger weit entwickelt sind als die meisten und die noch an Substanz gewinnen würden, beließe man sie noch auf der Anbaufläche. Diese Methode macht die Verarbeitung effizient und bietet sich für den Gartenbesitzer an, der vor allem seine Versorgung mit eigenem giftfreien Gemüse im Winter sicherstellen will, wenn die im Handel erhältlichen, unter Glas oder im winterwarmen Ausland gezogenen Sommergemüsearten recht teuer sind, und der schnell und zeitsparend konservieren will.

Wer einen Keller besitzt, hat mit der Frischlagerung jener Gemüsearten, die auch unverarbeitet längere Zeit haltbar sind, wenig Mühen – Zucchini und Kartoffeln zum Beispiel sind über Wochen und Monate lagerfähig, die im Herbst noch grün geernteten Tomaten reifen im dunklen Keller schnell nach und färben sich rot. Eine hohe relative Luftfeuchtigkeit, ein häufiger Austausch der Luft des Lagerraumes mit frischer Kaltluft und niedrige Temperaturen begünstigen die Haltbarkeit. Wasserreiches Gemüse wie Tomaten oder Zucchini lagert man günstig bei Temperaturen von etwa 10 bis 12 Grad C, anderes Sommergemüse bei 6 bis 10 Grad C. Auf frosthartes Wintergemüse wirken Temperaturen knapp über dem Gefrierpunkt günstig. – Ein Kellerraum sollte dunkel sein; in hellen Räumen keimen zum Beispiel rasch die Kartoffeln. Wenn notwendig, erhöht man die Luftfeuchtigkeit durch Kisten mit feuchtem Moos, durch aufgespannte nasse Tücher oder durch wassergefüllte Wannen und Eimer. Bei der Belüftung hilft ein Ventilator, wenn das Kellerfenster allein für die Umwälzung der Lagerluft nicht ausreicht. Unter Umständen muß man den Keller durchlaufende Heizungsrohre durch eine Wärmeisolierung abschirmen, damit man den Raum kühl genug halten kann.

Für die Langzeitkonservierung von Nahrungsmitteln steht vielen Haushalten heute ein Tiefkühlgerät zur Verfügung. Die Ernte aus dem eigenen Garten ist relativ schnell und einfach für das Tiefkühlen vorzubreiten, und zudem kommt der Geschmack tiefkühlgeeigneter Sorten dem Geschmack des erntefrischen Gemüses nahe. Wertvolle Inhaltsstoffe bleiben weitgehend erhalten, und gefrorene Lebensmittel brauchen bei der späteren Zubereitung bis zu rund 30% weniger Kochzeit als frische. Dennoch kritisieren manche Oberökologen in diesem unserem Lande den unwirtschaftlichen Einsatz von Tiefkühlgeräten in den Haushalten nicht zu Unrecht – mit Wasch- und Geschirrspülmaschinen, mit Wäschetrocknern und Elektroherden gehören Gefriertruhen zu den größten Stromverbrauchern unter den Elektrogeräten des privaten Haushalts. Aber man verbraucht zumindest nicht unnötig Strom, wenn man folgendes beachtet:

- Aufstellung des Gefriergerätes in einem kühlen Raum mit ausreichender Luftzirkulation für die Lüftung des Kühlaggregates; kein Einbau in Nischen, keine Aufstellung in stark geheizten Räumen,
- mit beschrifteten Etiketten und Lageplan Ordnung halten, damit das Gerät beim Herausnehmen von Lebensmitteln nicht unnötig lange geöffnet bleibt,
- in Zusammenhang mit den Erträgen aus dem eigenen Garten bei der Neuanschaffung nicht ein unnötig großes Gerät wählen: Wieviel ernten wir wann, und wieviel frieren wir ein?
- höchstens zimmerwarme, nicht aber heiße, gerade frischgekochte Nahrungsmittel in das Gerät stellen,
- den Stromverbrauch erhöhende starke Reifschichten entfernen.

Eingefrorenes Gemüse hält sich bei der Standardtemperatur von – 18 Grad zwölf Monate und länger. Schon beim Kauf des Saatguts sollte man deshalb die als gefriertauglich gekennzeichneten Gemüsesorten wählen. Das Gemüse wird gewaschen, geputzt und gegebenenfalls zerkleinert, dann *blanchiert,* also kurz in kochendem Wasser erhitzt, damit die auch im tiefgekühlten Zustand fortschreitende Zersetzung verlangsamt wird. Man blanchiert portionsweise; meist kann man für alle Blanchier-Portionen das gleiche Wasser benutzen, bringt es jeweils nur wieder vorher kurz zum Kochen. Wie lange blanchiert man? Für die im Saatguthandel erhältlichen, für das Tiefgefrieren geeigneten Sorten der Gemüsearten, die wir im Abschnitt ›Gemüsekulturen‹ angeführt haben, werden folgende Blanchierzeiten angegeben (in Minuten):

Blumenkohlrosen	2 – 3	Möhren	3 – 4
Busch-, Puff- und Stangenbohnen	3 – 4	Porree	3 – 4
Grünkohl	1 – 2	Rosenkohl	3 – 4
Kohlrabi	4 – 5	Sellerie	6 – 8
Knollenfenchel	6 – 10	Spinat	1 – 2
Mark-, Palerbsen	1 – 2	Zuckermais	8 – 10

Nicht zu blanchieren braucht man die für das Tiefgefrieren geeigneten Kräuter wie Bohnenkraut, Dill, Majoran, Petersilie oder Schnittlauch; sie legt man zerpflückt in einen Eiswürfelkasten, füllt eine Schicht Wasser auf und friert ein. Wenig geeignet für die Frischgefrierung sind Radieschen und Rettiche, Salat, Tomaten und Zwiebeln.

Abschließend sei noch darauf hingewiesen, daß man Gemüse nur in luft- und wasserdichter, reißfester, säurefester und geruchloser Verpackung einfrieren sollte, die zudem kältefest sein muß. Wer das Erntegut portionsweise in stapelbare Gefäße verpackt, spart Platz und sorgt für Ordnung im Gefriergerät.

Einkellerung und Tiefgefrieren beanspruchen nur wenig Zeit für die Einlagerung und Haltbarmachung des Ernteguts. Wer sich über weitere Methoden der Konservierung informieren möchte, dem sei das Buch ›Natürlich konservieren‹ von Gunter Steinbach empfohlen (Heyne-Ratgeber 08/4947), das detaillierte Anleitungen zum Trocknen und Dörren, Einsalzen und Einkochen gibt, zur Milchsäuregärung und Saftbereitung aus Gemüse und Obst.

Weiterführende Literatur

Aichele, Dietmar: *Was blüht denn da? – Wildwachsende Blütenpflanzen Europas,* 43. Auflage, Franck'sche Verlagshandlung W. Keller & Co., Stuttgart 1981

Andritzky, Michael/Spitzer, Klaus (Hrsg.): *Grün in der Stadt,* Rowohlt, Reinbek 1981

Börner, H.: *Pflanzenkrankheiten und Pflanzenschutz,* Ulmer, Stuttgart 1971

Breschke, Joachim: *Der Garten ohne Gift,* Delphin, München 1983

Breschke, Joachim: *Gartenrasen und Blumenwiese,* ECON, Düsseldorf 1986

Brickell, Christopher: *Bäume und Sträucher sachgemäß schneiden,* Otto Maier Verlag, Ravensburg 1980

Bristow, Alec: *Wie die Pflanzen lieben,* Scherz, München und Bern 1979

Brohmer, Paul: *Fauna von Deutschland – ein Bestimmungsbuch unserer heimischen Tierwelt,* 15. Auflage, Quelle und Meyer, Heidelberg 1982

Dahl, Jürgen: *Wildpflanzen im Garten,* Gräfe und Unzer, München 1985

Dietrich, Peter: *Der naturgemäße Garten,* Neumann-Neudamm, Melsungen 1980

Duflos, Solange/Graille, Jean-Louis: *Der Teich lebt,* Herder, Freiburg i. B. 1980

Eiselt, M. G./Schröder, R.: *Nadelgehölze,* Neumann-Neudamm, 4. Auflage, Melsungen 1976

Ellenberg, Heinz: *Vegetation Mitteleuropas mit den Alpen,* 2. Auflage, Ulmer, Stuttgart 1978

Franck, Gertrud: *Gesunder Garten durch Mischkultur,* 2. Auflage, Südwest, München 1980

Franke, Wolfgang: *Nutzpflanzenkunde,* Georg Thieme, 2. Auflage, Stuttgart 1981

Friedrich, Gerhard/Preuße, Hans: *Obstbau in Wort und Bild,* 3. Auflage, Neumann-Neudamm, Melsungen 1983

Fritzsche, Helga: *Tiere im Garten,* Franck'sche Verlagshandlung W. Keller & Co., Stuttgart 1983
Grießhammer, Rainer: *Der Öko-Knigge,* Rowohlt, Reinbek 1984
Heimann, Max: *Naturgemäßer Pflanzenschutz im Ziergarten,* Franck'sche Verlagshandlung W. Keller & Co., Stuttgart 1984
Hilkenbäumer, F.: *Schnitt der Obstgehölze,* Verlag J. Neumann-Neudamm, 11. Auflage, Melsungen 1979
Hitschfeld, Oswald: *Naturgemäße Schädlingsabwehr,* Heinrich Schwab Verlag, Schopfheim 1976
Hofmeister, Heinrich: *Lebensraum Wald,* J. F. Lehmanns Verlag, München 1977
Jaehner, Ilse: *Der immergrüne Garten,* Mosaik-Verlag, München
Jaehner, Ilse: *Die schönsten Rosen in Garten und Haus,* Mosaik-Verlag, München 1980
Jacobi, Karlheinz/Mierswa, Dietrich: *Gärtnern unter Glas und Folie,* BLV, München 1983
Koch, W.: *Unkrautbekämpfung,* Ulmer, Stuttgart 1970
Kreuter, Marie-Luise: *Der Bio-Garten,* 3. Auflage, BLV, München 1982
Kreuter, Marie-Luise: *Biologischer Pflanzenschutz,* BLV, München – Wien – Zürich 1982
Leipacher, Bruno: *Rasen mähen und pflegen leicht gemacht,* Verlagsgesellschaft Rudolf Müller, Köln 1984
Matz, G./Weber, D.: *Amphibien und Reptilien,* BLV, München 1983
Ohnesorge, Bernhart: *Tiere als Pflanzenschädlinge,* Georg Thieme, Stuttgart 1976
Philippeit, Ute/Schwartau, Silke: *Zuviel Chemie im Kochtopf?,* Rowohlt, Reinbek 1982
Pycraft, David: *Rasen- und bodendeckende Gewächse,* Otto Maier Verlag, Ravensburg 1981
Runge, Fritz: *Die Pflanzengesellschaften Mitteleuropas,* 7. Auflage, Aschendorff, Münster i. W. 1980
Scheerer, Gerhard/Dapper, Heinrich: *Fruchttragende Hecken,* 5. Auflage, Siebeneicher, Berlin 1980
Schlegel, Hans G.: *Allgemeine Mikrobiologie,* Georg Thieme, 5. Auflage, Stuttgart 1981
Schmeil, Otto/Fitschen, Jost: *Flora von Deutschland und seinen angrenzenden Gebieten,* 87. Auflage, Quelle & Meyer, Heidelberg 1982
Schmid, Otto/Henggeler, Silvia: *Biologischer Pflanzenschutz im Garten,* Ulmer, Stuttgart 1984

Schreiber, Rudolf L. (Hrsg.): *Rettet die Frösche,* Pro Natur Verlag, Stuttgart 1983
Schwertner, Peter: *Der Naturgarten,* Landbuch-Verlag, Hannover 1986
Seidel/Wetzel/Schumann: *Grundlagen der Phytopathologie und des Pflanzenschutzes,* VEB Deutscher Landwirtschaftsverlag, Berlin 1981
Seifert, Christian/Keller, Richard: *Düngefibel für den Garten,* Ullstein, Frankfurt/M – Berlin – Wien 1982
Seymour, John: *Selbstversorgung auf dem Lande und im Garten – Im Nutzgarten arbeiten,* Otto Maier Verlag, Ravensburg 1981
Snoek, Helmut: *Nützlinge im Garten und Gewächshaus,* Südwest, München 1983
Stangl, Martin: *Gesundes Obst und Gemüse,* BLV, München 1979
Stehr, Rainer: *Der biologische Schrebergarten,* Heyne, München 1986
Stein, Siegfried: *Gärtnern im Kleingewächshaus,* BLV, München 1985
Steinbach, Gunter (Hrsg.): *Das Mosaik-Lexikon der Nutzpflanzen,* Mosaik, München 1986
Steinbach, Gunter: *Der Gemüsegarten,* 2. Auflage, Heyne, München 1983
Steinbach, Gunter: *Natürlich konservieren,* Heyne, München 1984
Steinbach, Gunter: *Ziergehölze,* Heyne, München 1981
Steinbach, Gunter: *Der Biologische Rosengarten,* Heyne, München 1982
Steinbach, Gunter: *Der Blumengarten,* Heyne, München 1980
Steinbach, Gunter: *Der Biologische Obstgarten,* Heyne, München 1983
Strasburger, E.: *Lehrbuch der Botanik für Hochschulen,* Gustav Fischer Verlag, 31. Auflage, Stuttgart 1978
Weber/Weidner: *Grundriß der Insektenkunde,* Fischer, 5. Auflage, Stuttgart 1974
Wetzel, Theo: *Pflanzenschädlinge,* Urania, Leipzig – Jena – Berlin, 3. Auflage 1981
Wolff, Peter F. C.: *Der gesunde Gartenboden,* BLV, 2. Auflage, München 1985

Sachregister

Namenregister